KUWEI
酷威文化
图书 影视

斯多葛 生活哲学

[瑞士]
乔纳斯·萨尔茨格伯

——

著

王丽斌

——

译

台海出版社

哲学力量超常，可阻隔命运的捶打。她防护周密，坚不可摧，强如掷石也难伤分毫。她轻挥衣袖，威胁便被轻松化解，不值一顾。她跃向一旁，强而有力地将飞石掷回来时的方向。再见！

——塞涅卡

目录

CONTENTS

前言

也许你偶然见过古代斯多葛哲学家的精辟语录，也许你在文章中读过斯多葛学派发人深省的观点，也许有朋友告诉你古老的斯多葛哲学曾盛行一时且对人大有裨益，也许你已研读过些许有关斯多葛主义的图书，或许你从不知晓斯多葛哲学……

我们很容易通过各种途径"邂逅"斯多葛主义，但想要准确理解并阐释它的本质确非易事。确切认识其现实意义并知晓它如何对我们自身起到帮助，是颇具挑战的。想要完全掌握并将其付诸实践注定困难重重，但这也是其魅力与精髓所在。

斯多葛学派盛行之时，角斗士们正为了生存相互厮杀，而罗马人热衷于在公共浴室内进行日常社交。彼时被人们传授并实践的知识，同样适用于《权力的游戏》（Game of Thrones）风靡的当下。穿越时空隔阂，斯多葛主义在指导我们追求充满意义及幸福的人生方面有着重要的意义。

手握此书，犹如拥有了藏宝图。本书将介绍斯多葛学派里的一些重要哲学家，还会通过浅显易懂的方法，引导你在充满挑战的现实生活里应用并实践书中的知识。

听起来很精彩！但是我这样一个二十多岁的毛头小子，怎么知道如何绘制斯多葛藏宝图，帮助人们寻得幸福生活呢？这疑问颇有道理，我也在思考该问题。在校学习多年后，我疲于阅读学术著作和论文，也厌倦学习那些没有任何现实意义的知识。所以上交毕业论文的第二天，我就离开了瑞士，开始了为期七个月的环球旅行。我想要出去走一走，看看其他地方，了解其他文化，更主要的是想了解自己；或许旅行回来后，我就能知道自己今后想从事什么。虽然我没有实现最后的目标，但是我想通了一些事："我肯定在冥冥中错过了'如何生活'的课程。"

在为期十五年半的在校生涯里，我学习了数学、物理、化学、生物等课程，但忽略了另外一些知识：如何处理棘手的状况？如何应对自己的恐惧与挣扎？如何处理失落的情绪？如何处理自己愤怒的情绪？如何变得更有自信？亲近的人去世了，该如何走出来？这些我都没学过，而我错过的这类课程，正是古代各种哲学流派所讨论的问题：教人如何生活。尽管这些流派已经不复存在，但无论你我还是大多数人都需要一种向人们传授生活方法的哲学。

想明白这些之后，我决定投资自己，充实自己的头脑。之后几年，我阅读了很多图书，吸收了不少智慧，其中斯多葛哲学对我帮助最大。但在我了解斯多葛哲学之前，我曾觉得它是世界上最无聊的知识。我是说，毕竟它叫"斯多葛主义"（Stoicism），而不是叫"超能力主义"（Supermanism）等具有研读意义的名字。

无论如何，我还是试读了一下，之后就沉迷其中了。从此以后，我贪婪地拜读着斯多葛哲学的著作，大量实践其知识。尽管我反复读了无数本关于斯多葛哲学的图书，但总觉得没有一本书能简单概述并准确解释斯多葛主义的本质。所以我撰写了一篇长文，介绍了斯多葛哲学及其本质。幸运的是，许多人喜欢这篇文章，认为斯多葛哲学大有裨益。正因如此，有人剽窃了那篇文章的主要内容，整理出版了。这种盗版行为是在考验我的斯多葛心态啊！再者，那本书获得的五星好评让我知道，读者真的很想学习斯多葛哲学。

因此，我满怀激情地写了这本关于斯多葛经典哲学的书。我肯定，这本书将对现代斯多葛主义传播做出贡献。这本书将提供人们迫切需要、一直在追寻的智慧，帮助人们追求幸福的生活——这正是斯多葛主义真正的意义所在。

无论你正在经历什么，斯多葛学派都可以提供建议。尽管斯多葛哲学年代久远，但它的智慧却不过时，总是惊人地适合现代。它可以帮助人们在艰难的生活里提高韧性，增强力量；帮助人们保持情绪弹性，不被外界所左右，不被他人所影响；帮助人们在"暴风雨"中保持冷静；帮助人们做出决定，极大地简化日常生活。

塞涅卡（Seneca）说："与哲学人士共同学习的人，每天应该带走一样好东西：每天回家时应该更健康，或者朝着更健康的状态发展。"斯多葛哲学教人遵循勇气、耐心、自律、平静、坚持、宽恕、善良、谦逊等理想的价值观。它的许多理论会给人提供保障和指导，提高人们的自信心。

事实上，斯多葛哲学不分社会阶层，能使每个人都获得幸福生活：无论你是富人还是穷人，无论你是健康的人还是身患疾病之人，无论你是否受过良好教育，都丝毫不影响你践行幸福的生活方式。斯多葛学派用实例证明，即使有人被流放到荒岛上，依然过得比宫殿里的人还快乐。斯多葛主义者很清楚，外部环境与我们的幸福关系不大。

斯多葛主义认为，在既定的情形下，能否过上幸福生活取决于一个人的选择、行为以及品格养成，而非不可控的周遭世界。这就是斯多葛主义棘手但又极具魅力的原因所在——对自己的幸福生活负责，不让我们因为没有过上幸福生活而自怨自艾、颓废不前。

任何人，都要为自己的幸福生活负责。我们有责任不让外部环境掌控我们的生活：不让恶劣天气、烦人的陌生人、漏水的洗衣机来决定我们是否幸福。否则，面对无法控制的生活环境，我们就会成为无能为力的受害者。作为斯多葛学派的一员，你需要知道只有自己才能掌控自己的生活，也只有自己才能避免内在自我被生活的糟心状况所打败。

斯多葛主义教导我们在生活中遵循一系列价值观。这些价值观有助于我们保持情绪弹性、保持冷静自信，并明确人生的方向。斯多葛主义就像一根可靠的老拐杖，它是基于理性而非信仰的生活指南，它是帮助我们掌控人生、获得毅力、获得智慧的指南。斯多葛主义使我们成为更优秀的人，并教会我们如何变得出类拔萃。

斯多葛哲学中的心理学技巧非常实用。经科学研究证明，有效的积极心理学（Positive Psychology）与斯多葛哲学的效果大同小异。积极心理学谈到的训练方法似乎与两千多年前斯多葛学派的训练法极其相似。现代心理学研究往往与斯多葛学派的教学内容密切相关，这使得斯多葛哲学更具魅力。最重要的是，斯多葛主义并不死板，它很开放，它一直在寻找真理。正如拉丁谚语所说："芝诺（Zeno，斯多葛派的创始人）是我们的朋友，但真理是我们的挚友。"

环顾四周，我们看到数以百计的人梦想住进豪华大厦，梦想驾驶保时捷911，梦想找到高薪工作。但即使他们实现了梦想，也不比以前——住着发霉的公寓，开着锈迹斑斑的旧车，做着低薪工作来得幸福。他们秉承着这样的准则：努力工作就能成功，成功等于幸福；或者，达成这样或那样的目标就会幸福。那么，问题出在哪里？问题在于，这个准则不正确。许多人在多年之后会想：难道这就是生活的全部？

不，并不是。很多人随着年龄的增长并未感到更加幸福。他们并未有任何提升，漫无目的地过着日子，重复犯着错误。他们的八十多岁和二十多岁并无区别，还是没有过上幸福、有意义的生活。

有一种生活哲学能为我们提供指导，指明方向，且对人生意义巨大。缺少这种生活指南，我们就会面临以下风险：尽管在行动之前做好盘算，但还是会在原地打转，追逐毫无价值的东西，最终无法实现人生目标，饱受情绪的折磨，充满悔恨懊恼。给斯多葛主义一个机会吧，让它指导你的人生，这并不需要付出多大的努力，也失去不了什么，反而会让你焕然一新。

本书能带来的意义就是斯多葛哲学的意义：首先，教会我们如何过上非常幸福顺遂的生活；其次，教会我们身处逆境时，如何去维持幸福顺遂的生活。斯多葛哲学能帮我们做好准备，应对一切，让我们在心中建起一座力量之塔，即使在地狱之火的熊熊燃烧下，依然不可撼动，依然保持地基稳固，依然具备情绪弹性，依然能做到出奇地冷静和警觉。

斯多葛主义能在顺境时改善你的生活，能在逆境中成为一束指引你走过黑暗低谷的光。当你需要建立自信，减少情绪折磨时，它会牵着你的手，与你一同克服愤怒、恐惧、悲伤等消极情绪；当你深陷困境时，它会是你的踏脚石，帮助你获得所需的平静；即便你像叶子般颤动但不得不勇敢行动时，它会是你坚强的后盾；它让你焕发精神，在你最需要时给你微笑。

简而言之，斯多葛主义不仅为你指明道路，也为你提供通往幸福生活的钥匙。你要做的就是沿着这条路前进，然后转动钥匙，到达目的地。

斯多葛学派的名师爱比克泰德（Epictetus）曾发问："你还要等多久？"

"成为最好的自己，你还要等多久？"你不再是孩子，而是成年人了，在成为最好的自己一事上别再拖延了。爱比克泰德提醒自己："你要是意识不到自己在原地踏步，就会碌碌无为地活着，然后平凡地死去。"他提醒自己，也提醒所有人，从现在开始成熟地活着，永远不要耽搁自己认为最应该做的事。无论何时遇到任何困难，记住，你现在就在比赛，你就站在奥运赛场上，你不能再耽搁了。

我们不能推迟斯多葛训练，因为生活早就开赛了，是时候开始我们的训练了。

斯多葛主义训练有点儿像冲浪运动，理论少，实践多。现在，你迫不及待地想要下水冲浪，想象自己站在冲浪板上乘波逐浪，享受着生命时光……等一下，我必须在这里打断你。因为在第一堂冲浪课上，你要学一些理论知识。你要在陆地上练习，如何趴在板上划水（Paddle）、如何在板上起跳（Pop-up）、如何站在冲浪板上。你很快通过了理论学习，进入水中，然后冲出满是沙粒的入海口，开始训练。在水里训练时，你很快意识到冲浪并不容易，理论学习很有必要。你可以去冲浪，但是想要冲浪成功，并且在板头多次扎到水里（nosedive）后依然不放弃，就需要先学习冲浪背后的一些理论……嗯，斯多葛主义也一样。

我努力使这本书富有条理，并以读者易于理解吸收且高度实用的方式呈现出古老的智慧。第一部分讲述斯多葛哲学的意义、历史、主要的哲学家、核心原则（即斯多葛幸福三角论，the Stoic Happiness Triangle）。学习完幸福三角后，你就可以向五岁的孩童解释斯多葛哲学了。第二部分是实践内容，一些关于日常生活的实用建议和训练。

我以直接简单的方式叙述斯多葛主义，最终目的是帮助读者过上更加幸福的生活。我相信，通过实践卓越的斯多葛哲学，我们都可以变得更明智幸福。

是时候投入学习啦。

第一部分

斯多葛哲学的概念

不做错误之事，不说错误之话。

—— 马可·奥勒留

斯多葛哲学的意义

生活的艺术更像是摔跤，而非跳舞。

——马可·奥勒留

没有风暴的洗礼，树木就无法深扎大地茁壮成长。风暴摇晃拉扯树木，使其将根扎得更深更牢固；而阳光明媚的山谷里长出的树木往往脆弱，不堪一击。塞涅卡问："这是为何？你是否想过挫折使强者更强大？"狂风暴雨使树木深扎土壤，也使强者镇静自律、谦逊强大。

树木必须深扎大地才不会被大风摧毁。我们不想被日常小事羁绊，就必须提高境界。这就是斯多葛哲学的意义所在：强大自己，在遭受同等强度的狂风暴雨时减少打击，让自己风雨不动安如山。

换句话说，斯多葛哲学能让你更加有效地应对生活的任何风暴。

第一章从摔跤哲学家讲述到情绪之狼，涵盖你所需了解的一切理论知识，包括斯多葛哲学的意义、学习斯多葛主义的原因等。

提醒：这本书将涵盖一些"可怕""深奥"的字眼，比如幸福（eudaimonia）、德性（areté）或者美德（virtue）等。看到这些单词，你可能想翻过这一页。不过，请你振作起来，坚持读下去。尽管会遇到一些阅读难点，但坚持下去就会有回报。这些深奥的术语甚至能成为你熟悉的日常词汇，而没有一些"可怕"的术语，就不是古代哲学了。

践行生活的艺术，成为战士哲学家

先告诉自己，你想成为怎样的人，然后去做你必须做的事。

——爱比克泰德

怎样才能过上幸福生活？这是一个经典的哲学问题，即"如何生活"或是"生活的艺术"。斯多葛哲学很早就探讨过这些问题。斯多葛学派的名师爱比克泰德把哲学比作一项技艺：正如木头之于木匠，青铜之于石匠，我们的生活是生活艺术的原材料。哲学并非专属于年长的智者。想要过上幸福生活，哲学是不可或缺的生活技能。生活是一张空白画布或是一块大理石，我们穷其一生，在上面练笔或雕刻，最终掌握了这门手艺。这就是斯多葛主义（Stoicism）的基本目的，教会我们如何变得出类拔萃，如何面对逆境依然能够处之泰然，如何塑造并享受幸福生活。

怎样才能过上幸福生活？爱比克泰德认为，要想幸福地生活，不在于拥有财富，不在于身居要职，也不在于成为领导者，注定有其他的原因。要想写得一手好书法，就必须不断练习并熟悉书法要领；要想在音乐领域有所建树，就必须学习乐理知识；想要幸福地生活，就必须掌握生活知识。另一位重要的斯多葛派哲学家塞涅卡说："哲学家就是知道本质之事，知道如何生活的人。"本书第二章会介绍这位哲学家。

哲学家（philosopher）一词来源于希腊语，字面原义是"热爱智慧的人"（a lover of wisdom），即热衷于学习如何生活的人，希望获得实用智慧、真正过好生活的人。正如前文爱比克泰德所言，要想幸福地生活，就必须知道如何生活。你可能对此感到吃惊，但是哲学确实是一个实践问题，关乎如何塑造我们的生活。只对着大理石坯思考而不动手实践，就无法熟练地使用凿子和锤子。斯多葛派哲学家尤其重视将哲学应用于日常生活。他们视自己为不折不扣的思想战士，认为学习哲学的首要目的就是实践哲学。

唐纳德·罗伯逊（Donald Robertson）在《认知行为疗法的哲学》（*The Philosophy of Cognitive Behavioural Therapy*）一书中，给出了一个精彩的比喻。他说，在古代，理想的哲学家确实是思想战士，但在现代，"哲学家书卷气太重了，他们只是思想管理员"。这位头发花白的哲学名师说的话，很值得我们思考。要想成为思想战士，最重要的不是背熟斯多葛准则，而是能在现实世界中付出行动。正如爱比克泰德质问学生："如果不能学以致用，那学习的意义何在？"他又说道，学生对于在现实世界里实践理论这件事，态度冷淡，勇气不足，"这就是为什么我想前往罗马，观看我最欣赏的摔跤手在竞技场上运动，因为至少他把摔跤策略用于实践了"。

哲学的真正意义在于懂得在少量理论的指导下，进行大量的实践练习，就像古代的摔跤竞技和现代的冲浪运动。在开始冲浪前，我们会先在海滩上短暂学习相关理论，然后再下水练习。比起厚重的教科书，巨浪更适合当指导老师。斯多葛主义正是这样要求：在现实世界里积极应用课堂所学。生活里有滚滚浪潮、无数的大理石坯，它就是我们日常训练的完美场所。

斯多葛主义实用的"生活艺术"有两大意义：第一，教会我们如何才能幸福顺遂地生活；第二，教会我们如何保持情绪稳定，即便身处逆境，也能维持幸福顺遂的生活。我们先探讨第一点，解决第一个"可怕"的词：幸福（eudaimonia）。

意义 #1: 幸福

向内探寻，善的源头在内心。向内探寻，善随时会出现。

——马可·奥勒留

想象一下最好的自己。探寻内心，你是否能看到最高自我并知晓关于他的一切？那个你在任何情况下，都能正确行事；那个你从不犯错，看起来坚不可摧。如果你一直致力于提高自己，那便能轻易知道理想自我是怎样的。在希腊语中，最好的自己被称为内在精灵（daimon）[1]，也叫内在精神（inner spirit）或神圣灵光（divine spark）。对于斯多葛学派和其他古代哲学流派来说，生命的终极目标是与内在精灵和谐相处。[不要和恶魔（demon）混淆，那是邪恶的灵魂。]

斯多葛学派认为，成为最高自我是顺应自然。内在精灵（或神圣火花）已经像种子一样，播种在所有人心里，所以我们具备成为最高自我的自然潜能。换句话说，让神圣的种子在我们内心深处生根发芽，茁壮成长，并把人类的潜能带到生活中去，这是我们的自

---

[1] 传说中，上帝为每个人都指派了专门的精灵作为向导，引导他一生该做什么、不该做什么。

然本性。因此，与内在精灵和理想自我和谐相处，就是尽可能激发最大潜能的自我。

我们能够成为怎样的人（理想自我）？我们当下是怎样的人？我们应该去缩小这两者的差距。怎么才能做到这点？斯多葛学派有二字箴言：德性（areté）。德性直接翻译，意为"美德"（virtue）或"卓越"（excellence），但它有更深的含义，类似于"每时每刻都表达最高自我"，我们将在第三章更深入地探讨该问题。但你已经知道，斯多葛主义讨论的是每时每刻的行为，以及近乎理想自我的生活。

斯多葛学派的首要目标是幸福——与内在精灵和理想自我和谐相处，每时每刻表现最高自我。但更确切的意思是什么？

虽然希腊单词"eudaimonia"最常见的翻译是幸福（happiness）。但是翻译为"蒸蒸日上"（flourishing）或"蓬勃发展"（thriving）才能更好地捕捉原意，因为这两个词表示持续性行为——只有每时每刻，个人行为都与理想自我保持一致，才能与内在精灵和谐相处。只有美好生活蒸蒸日上，才会感到幸福。

幸福（Eudaimonia）更强调整体的生活质量，而不是快乐（happiness）等短暂的情绪。幸福是一个人蓬勃发展，生活达到最佳状态，心情极其愉悦的状态。正如斯多葛学派的创始人芝诺（Zeno）所说，"幸福即顺遂的生活"。让我们总结一下：幸福是一种快乐顺遂的生活，它来源于我们每时每刻的行为都与最高自我和谐相处带来的蓬勃发展。

实现幸福生活需要我们全面武装自己，应对生活中的一切挑战。

否则生活变得艰难时，我们如何才能维持幸福？顺境时生活相当容易；只有身处逆境，诸事不顺时，生活才变得艰难。这就谈到了斯多葛主义的第二个意义：斯多葛哲学训练我们，使我们能够以正确的心态应对生活中的每一个阻碍，让生活得以继续顺遂。

意义 #2: 情绪弹性

以平静的心灵承受磨难，就能减轻不幸，缓解厄运的重压。

——塞涅卡

"但什么是哲学呢？"爱比克泰德问，"哲学难道不是指做好准备，迎接到来的事情吗？"是的，哲学使我们对未来做好准备，并接受即将发生的一切。"拳击手并不会挨了几拳就弃赛。"我们确实可以在胜负未分之时就退出比赛，但是我们能放弃追求智慧吗？"如果轻言放弃，那我们应当如何面对不受控制的生活所带来的一次次磨难？这就是我为何训练！"拳击手不会因为脸上挨了几拳就弃赛，因为他已经做好挨拳的准备，这是对他的训练。哲学家也一样。生活有时会对我们拳打脚踢，但这并不意味着我们应该放弃生活，离开生活，而是应该振作起来，不断超越自我上限。这就是生活——它就像拳击台，我们在赛前就签订好合同了，免不了受到拳打脚踢，这是我们必须经受的训练。

塞涅卡说，"未受磨难的繁荣生活，不能承受一次打击"，但是承受过无数不幸的人"经受痛苦后会长出老茧"。他被打倒在地，即使跪着也要继续战斗，他永不放弃。斯多葛学派喜欢用摔跤做比喻，马可·奥勒留（Marcus Aurelius）也说过类似的话："生活的艺术更像是摔跤，而非跳舞。"我们需要做好准备，迎接突然的袭击，没有人会扑倒舞蹈演员，舞蹈演员绝不会像摔跤手那样被迎头痛击。我们是战士般的哲学家，我们知道生活将充满挑战。事实上，我们甚至应该摩拳擦掌，期待出拳，因为我们知道这些拳打脚踢会让我们更加强大，更加坚韧。

我们必须参与这场被称为"生活"的战斗并为之训练：因为我们想过上幸福顺遂的生活；因为我们想在生活变艰难时掌控自己的人生，决定自己的未来；因为我们想要成为一座力量之塔，即使愤怒的攻击达到顶峰，也不会轻易动摇；因为在面对恐慌的局面时，我们想要保持冷静、深思熟虑，并成为最好的自己。

实践斯多葛主义会帮助我们发展技能，有效地应对生活抛给我们的所有拳打脚踢。不管未来发生什么，做好准备面对一切，并充分利用困境锻炼自身，这就是斯多葛哲学的意义。

如果现在你脸上挨了一拳，会发生什么？你或许会情绪激动，愤怒反击，甚至你会开始哭泣。斯多葛学派认为，强烈的负面情感是我们最大的弱点，尤其是任由情绪支配我们的行为时，离理想自我会越来越远。强烈的情感会抹杀幸福，它是人类所有痛苦的根源。不幸的是，斯多葛学派认为，我们大多数人都受制于激情，即非理性的恐惧、悲伤或愤怒等强烈的负面情绪，这是很多人痛苦的原因。我们远没有成为一座力量之塔，远做不到与理想自我和谐相处，因为激情使我们行事远离理想自我。

斯多葛学派认为，如果我们想像理想自我一样行事，就需要控制并战胜情绪，那样情绪就不会妨碍我们追求幸福生活。不过，谢谢您，我现在还承受不起惊慌。

控制情绪≠没有情感

斯多葛哲学的意义包括过上极其幸福的生活，并做好准备（一切准备），有效应对生活中发生的一切事情。但只有我们具备情绪弹性，并且不受情感左右时，才能应对生活的挑战。

所以我们要控制并战胜引发恐慌的欲望和情绪。正如塞涅卡所说，看到闪光的金子，我们不会眼花缭乱；看到锃亮的宝剑，也不会惊慌失措。那些别人渴望和惧怕的东西，我们可以轻易抛在一边。这种克服情绪的方法有时被称作斯多葛"激情疗法"，也许这就是为何爱比克泰德说："哲学家的学校就像是医生的诊所。"

现在，我们想象一下，诊所里放着一张沙发，那就是心理治疗师的办公室。在爱比克泰德时代，如果思想或灵魂出现问题，你不是去看心理医生，而是去看哲学家，哲学家是首选的心理医生。斯多葛学派是人类思想的伟大观察家，他们确实有很多重要的心理学见解。例如，他们意识到，侮辱性话语具有伤害性，但伤害不是来源于内容本身，而是来自我们的解读。斯多葛学派正确理解了我们的思想，提出了预防及处理负面情绪的心理学技巧（大多数技巧将在本书的第二部分介绍）。

虽然斯多葛主义是哲学，但它涵盖了重要的心理学技巧。很多斯多葛主义的信仰，例如人类获得幸福的目标，与积极心理学的现代研究密切相关。我对斯多葛主义的这部分内容倍感兴趣。从科学角度解读斯多葛学派的思想，不在本书的阐述范围内，但如果你碰巧读了积极心理学的著作，就会发现两者之间的联系 [阅读肖恩·阿克尔（Shawn Achor）的《幸福的优势》（*The Happiness Advantage*）是不错的开始]。

斯多葛学派深知，身体会患病，心灵也会患病。他们说，一个人被非理性情绪折磨时，生活就不可能幸福。因此，我们需要"不动情"（apatheia），即具备克服干扰性情绪的能力。这就是"冷漠"（apathy）这个词的来源。这导致人们对斯多葛学派产生了经典误解，认为该学派没有情感或试图压抑情感。造成这种误解的另一个原因是斯多葛（Stoic）这个单词。该单词首字母小写是"stoic"，意为"忍气吞声"或"咬紧牙关"，与这本书所讲的首字母大写的斯多葛主义毫无关系。现在让我们澄清一下"斯多葛学派没有情感"的误会。

斯多葛主义与压抑情感、隐藏情感或没有情感没有任何关系。相反，斯多葛主义能让我们了解自己的情绪。反思情绪产生的原因，并学会重新引导情绪，使其对我们有利。换句话说，斯多葛主义强调从消极情绪中解脱出来，这更像是战胜情绪而不是消除情绪。

想象一下，强烈的情绪就像内心之狼。它力量无穷，一旦被松开，它就随心所欲地拽着你。情绪会激发行为倾向，例如，你感到愤怒时会倾向于握紧拳头，大喊大叫，乱扔东西。基本上，一旦内心之狼发脾气，我们就被它控制了，盲目地跟随它并执行它的行为倾向。但是，斯多葛学派发现，我们可以训练自己，在愤怒时依然保持冷静，在焦虑时依然勇敢行动，在内心之狼向西拉扯时，依然向东前进。

幸运的是，我们并不需要假装没有内心之狼，甚至不需要杀死它（这是不可能的）。斯多葛学派希望我们驯服内心之狼，并学会了解它。在内心之狼愤怒、焦虑或饥饿时，不让它控制我们的行为。即便它发怒，我们也能冷静行事。任它嚎，任它哮，我们不用害怕，只需遵循自己的意志。尽管内心之狼具有行为倾向，但它对我们的决定不再有发言权了。

我们的目标不是消除所有情绪，而是不管情绪威力多大，都无法压倒我们。感觉到情绪之狼往其他方向拉拽我们时，我们只需对自己说："好吧，这匹狼想发狂，但那又怎样？"我们凌驾于情绪之狼之上，听它咆哮，但不需要害怕它，也不需要跟随它。

斯多葛主义者不是没有情感的人，也不是铁石心肠的人。斯多葛主义者承认欲望和情绪是天性的一部分。但是他们认为，人类有能力凌驾于它们之上，不受其干扰。

"没有任何学派比斯多葛派更善良，更温柔，更能予人以爱。"塞涅卡说，"斯多葛学派赋予我们的目标是成为有用之人，去帮助他人，照顾自己也照顾所有人。"斯多葛学派教导人们驯服情绪，以免被情绪战胜，失去理智。正如塞涅卡所说："忍受人类无法感知的东西，这没什么值得赞叹的。"斯多葛学派作家唐纳德·罗伯逊对此精辟地解释道："勇敢之人并非无所畏惧，而是即使忐忑不安，依然勇敢行动。"

斯多葛学派希望人们将自己变强大。人们总是能感受到情绪横冲直撞，但是可以训练自己，控制行动倾向，并有意识地选择去向何方。

斯多葛主义将帮助我们，减少负面情绪的困扰，同时体验更多如快乐、宁静等积极的情绪。斯多葛学派认为，积极情绪更像是对人额外的奖励，下面，让我们深入了解实践斯多葛主义的"副产品"——平静的情绪。

践行斯多葛主义，获得平静的心态

为什么践行斯多葛主义，心态自会更平静？你可能对此感到惊讶，但斯多葛主义确实是令人愉悦的人生哲学。阅读斯多葛学派作品时，你会发现斯多葛主义者积极快乐，能够完全享受生活赐予的一切。他们并不是没有情感，只是意识到强烈的情绪是弱点所在，会妨碍他们获取本可以得到的幸福生活。

记住，生活的终极目标是获取幸福，过上幸福顺遂的人生。要达到这一点，就需要每时每刻表达理想自我。如果你受情绪控制，就会陷入恐慌，远离理想自我。所以斯多葛学派希望人们，尽量减少强烈情绪对生活的影响。只有平衡情绪，才能表达最高自我，过上幸福顺遂的生活。

一旦我们不再受控于情绪，就可以每时每刻表达最高自我。如果能做到这点，我们就不会感到遗憾、恐惧，不会产生不安全感，会获得有益的心态：平静。当今世界忙碌嘈杂，平静正是无数人追求的心态。即便身处嘈杂忙碌之中，也要保持冷静，拥有自信，感到处于安全之中——这是我们实践斯多葛主义所能获得的额外奖励。

什么是平静？塞涅卡在他的经典著作里谈到了心境愉悦（euthymia）的力量。他告诉我们，心境愉悦就是知道你要走的道路，并且沿着那条路走下去。心境愉悦可以翻译为平静，当我们完全相信自己时，就会产生平静之感：相信所做的事正确，并不需要多方听取他人的意见，受外界左右；没有必要猜测怀疑，也不需要一直和别人做比较。竭尽所能地努力着，并一直秉持自己的价值观生活，活出真实自我，就会感受到平静带来的自信。塞涅卡说，一个人之所以内心平静，是因为他遵循的处世标准保持不变，而不像其他人那样，"做决定时左右摇摆，对待事情反复无常，拒绝又追求"。

斯多葛主义会为你提供众多支持，帮助你找到自己的道路并满怀信心地前进。无论何时，斯多葛哲学都能让你获得平静带来的自信。即使生活变得艰难，即便生活对你拳脚相向，只要你知道自己在做正确的事，内心就有安全感。无论发生什么，你都会像力量之塔一般坚定地挺立，永远不会崩塌。

第二章

斯多葛简史

遭遇海难后，我顺风顺水。

——基底恩的芝诺

　　约公元前320年，在地中海的塞浦路斯岛国（Cyprus）和希腊第二大岛埃维亚岛（the Greek mainland）之间，一位腓尼基商人的船只失事了。他丢失了全部骨螺染料，那是从骨螺海蜗牛①身上提取出来的价值不菲的紫色染料。这位商人就是基底恩的芝诺（Zeno of Citium）。由于这次海难，多年以后他成了斯多葛主义的创始人。

---

① 海蜗牛生活在墨西哥太平洋海岸，它的"眼泪"是一种被称为"贝紫"的活性分泌物，可以提取出紫色染料。挤压海蜗牛，使其"流"出几滴奶白色液体，再用白布擦拭，液体会发出荧光灰绿色，之后变成黄色，最后会变成紫色。

芝诺的父亲也是商人，他外出回家时，常常带回从希腊城市雅典购买的图书。芝诺之所以在遭遇海难后前往雅典，可能就是因为这些图书。芝诺坐在书店里，阅读一百年前雅典哲学家苏格拉底的故事。他被这些图书吸引，问售书员，哪里可以找到像苏格拉底这样的人。刚好犬儒主义者克拉特斯路过书店，售书员就指向克拉特斯，说道："跟着那个人。"

芝诺死后约一百五十年，希腊传记作家第欧根尼·拉尔修（Diogenes Laertius）在撰写《杰出哲学家生平》（*Lives of Eminent Philosophers*）时，写下了这个有趣的海难故事。这个故事流传的版本很多，每一个版本叙述的海难日期都不一致，甚至相互矛盾，我们无法确定现在所说的这个故事是否真实，是否是斯多葛主义为了吸引眼球，虚构的创始人故事。

芝诺跟随克拉特斯学习了一段时间后，选择跟随其他哲学名师学习。几年后，约公元前 301 年，他开始创办哲学流派。最初，他的追随者被称为芝诺学派（Zenonians），但后来被称为斯多葛学派，因为芝诺在斯多葛（Stoa Poikilê）讲学，那是位于雅典市中心的著名"绘画柱廊"（Painted Porch），廊上画着各种历史战争场面。斯多葛主义由此诞生。与其他哲学流派不同，斯多葛学派视苏格拉底为英雄，以他为榜样。该学派在公共场所讲学，任何人都可以聆听，因此斯多葛哲学既适用于学术人士，也适用于普通大众，有点儿像"街头哲学"。

正如我们所知，斯多葛学派创办之初也是集多"家"于一身，创始人芝诺和早期的斯多葛主义者受到不同哲学流派和思想家的影响，尤其受到苏格拉底、犬儒学派（如克拉特斯）、学园派（Academics，柏拉图追随者）的影响。斯多葛学派继续探讨苏格拉底追寻的问题：如何过上幸福生活？斯多葛学派专注于将哲学应用于日常生活，培养人必备的良好品格，并希望成为更好的自己，即在生活中出类拔萃、关心他人、关心自然的人。斯多葛学派借鉴了犬儒学派，但不同之处是，他们摒弃了犬儒学派的禁欲主义（the Cynic asceticism）。不同于犬儒学派，斯多葛学派喜欢简单舒适的生活方式，认为人应该享受生活中的美好事物，但不要执着追求。正如马可·奥勒留（Marcus Aurelius）后来说道："如果你必须住在宫殿里，那就幸福地住着。"对舒适生活的弹性追求，让当时的斯多葛主义颇具吸引力。当然，即便在现代，斯多葛哲学也魅力无穷。

芝诺去世后，斯多葛学派一直都领先于雅典其他哲学流派。（顺便提一下，雅典人非常崇拜芝诺，还为他建造了一座青铜像。）直到公元前 155 年，古代哲学遭遇了重大事件，当时斯多葛学派的代表人物巴比伦人第欧根尼（Diogenes of Babylon），以及其他流派的代表人物被选为雅典大使，与罗马人进行政治谈判。虽然谈判没什么意义，但这次产生的文化影响非常深远。这些雅典的哲学流派在罗马开设了大量讲座，使得相当保守的罗马人对哲学产生了兴趣。斯多葛主义在罗马蓬勃发展，所有斯多葛学派名师撰写的著作都流传至今，这些文献成了现代哲学的主要源头之一。塞涅卡、穆索尼乌斯·鲁弗斯（Musonius Rufus）、爱比克泰德（Epictetus）、马可·奥勒留是斯多葛学派的代表人物，我们很快会谈到他们。

斯多葛主义是近五百年来，最有影响力、最受尊重的哲学流派之一。无论是富人还是穷人，无论有权有势的人还是受苦受难的人，都在通过践行斯多葛哲学获取幸福生活。然而，斯多葛学派的名师鲁弗斯、爱比克泰德、罗马皇帝马可·奥勒留去世后，斯多葛主义走向了衰败。

然而，斯多葛主义传达的思想，却出现在诸如笛卡尔（Descartes）、叔本华（Schopenhauer）、梭罗（Thoreau）等著名哲学家的众多著作中。斯多葛主义正重新走入你我这些普通人的生活中。斯多葛主义的回归可以追溯到维克多·弗兰克尔（Viktor Frankl）的意义疗法和艾尔伯特·埃利斯（Albert Ellis）的理性情绪行为疗法（rational emotive behavior therapy），这两者都受到斯多葛哲学的影响。近年来，作家皮埃尔·哈多（Pierre Hadot）、威廉·欧文（William Irvine）、唐纳德·罗伯逊（Donald Robertson），尤其是瑞安·霍利迪（Ryan Holiday）加速了斯多葛主义的回归。

斯多葛哲学泰斗

这里是马克西姆斯马戏团竞技场（Circus Maximus），环顾四周，你置身于成千上万激动的看客中，疯狂地为最喜爱的战车赛车手摇旗呐喊。再扩大视线范围，向北走半英里，然后拉近镜头，你会听到咆哮声！在你的正前方，一位角斗士正在与狮子搏斗；在你的右边，一位角斗士正朝你瞄准长矛；在你的左边，一头体型庞大的大象正冲过来！在这个充满戏剧性的时代，我们的斯多葛名师正在教授并实践斯多葛哲学。哲学远不像罗马斗兽场（Colosseum）血腥的战斗一般令人兴奋（你刚刚在斗兽场，差点儿被一头大象踩踏），但却一直流传至今。斯多葛哲学能流传下来，肯定有其原因，你会在后面的章节知晓。

现在，我们来看看四个斯多葛主义者。他们的著作和教义流传了近两千年，现已奠定了斯多葛学派的基础。这四人分别为塞涅卡、穆索尼乌斯·鲁弗斯、爱比克泰德、马可·奥勒留。据说有关斯多葛哲学的书超过了千本，但只有小部分流传了下来。得以流传的著作都是斯多葛学派泰斗级人物的作品。

幸运的是，这些杰出人士（他们也有缺点）并不住在山中洞穴，他们都全身心投入社会中，努力使世界变得更加美好。你会认识一位极其富裕的剧作家，他相当于现代的企业家；你会认识一位古代女权主义者；你会认识一位残疾奴隶，他对罗马皇帝马可·奥勒留产生了深远的影响，也是世界上最强大的人；最后，你还会认识罗马皇帝马克·奥勒留。为了忠实于书名①，我们仅探讨这四位最重要的斯多葛派哲学家，大致地了解一下他们极具魅力的人生。

---

① 本书原版书名为 *The Little Book of Stoicism*：*Timeless Wisdom to Gain Resilience, Confidence, and Calmness*。

塞涅卡（约公元前 4 年—公元 65 年）

不知道要驶向哪个码头，那什么风都不会是顺风。

——塞涅卡

最具争议的斯多葛派哲学家是吕齐乌斯·安涅·塞涅卡（Lucius Annaeus Seneca），人称小塞涅卡或简称塞涅卡。

塞涅卡出生在西班牙科尔多瓦（Cordoba），约生于耶稣时代，他在意大利罗马接受教育。塞涅卡是古代杰出作家，他的许多散文和私人信件都流传下来，是研究斯多葛哲学的重要文献来源。

我们之所以要阅读塞涅卡的作品，是因为他关注斯多葛主义的实践方面，包括如何旅行，如何面对逆境，如何处理逆境中产生的悲伤、愤怒等情绪，在不可避免的死亡面前如何做好心理建设（他被迫自杀），如何面对财富（他深谙此道），如何面对贫穷。

塞涅卡过着不凡的生活。如果你仔细研究他的生活，就会提出很多质疑。

他去世两千多年了，但书信依然流传了下来，广为传阅。他被载入史册，不仅是因为这些信件，还有很多原因。

他是一位成功的剧作家，而且为人机灵，事业风生水起，家财万贯（用现代的话说，他是一位企业家、投资者）。他因与皇帝的侄女通奸，被流放到科西嘉岛（Corsica）。他称那个地方为"贫瘠多刺的岩石之地"。顺便说一下，那地方现在是旅游胜地，生物多样性丰富，风景秀丽。塞涅卡被流放了八年，后来新任皇后希望塞涅卡能教导皇子尼禄（Nero），因而他得以被赦免。

尼禄登基后，塞涅卡升职担任皇帝顾问，成为罗马帝国腰缠万贯的富人。

作家纳西姆·尼塔勒布（Nassim Taleb）在著作《抗脆弱》（*Nassim Taleb*）中花了整整一章笔墨介绍塞涅卡，他说："塞涅卡的财产是 3 亿第纳尔①（denarii）（塞涅卡所属的时代和犹大背叛耶稣的时期差不多，犹大背叛耶稣仅获得了 30 第纳尔）。"

塞涅卡极其富有，但作为哲学家的他，却主张淡然对待身外之物，这也是有时他被称为伪君子的原因。

他另一个让人质疑的地方在于，他是尼禄皇帝的老师兼顾问，但尼禄皇帝是一位暴君，自我沉沦，弑母杀人。公元 65 年，尼禄皇帝下令让塞涅卡自缢，罪行是塞涅卡涉嫌参与谋反。

塞涅卡是否是伪君子不得而知，但他的人生起起伏伏，充斥着金钱权力，也充满哲学气息和反省检讨（他很清楚自己不完美）。

斯多葛主义一直伴随着塞涅卡的人生，他撰写了很多鼓舞人心的有用信件，这些信件里都有斯多葛主义的身影。本书会大量引用这些信件的内容。

---

① 罗马帝国时期的一种银币。

穆索尼乌斯·鲁弗斯（约公元 30 年－公元 100 年）

人终有一死，死得光荣胜过活得长久。

——穆索尼乌斯·鲁弗斯

罗马四大斯多葛派哲学家中，穆索尼乌斯·鲁弗斯鲜为人知。鲁弗斯建立学校传授斯多葛哲学，但我们对他的生平和教诲知之甚少，因为他没有留下任何文献。幸运的是，鲁弗斯的学生卢修斯（Lucius）在课堂上做了笔记。鲁弗斯主张实用的生活哲学，正如他所说，"除非医学研究给人类带来健康，否则一无是处；同样，除非哲学给人类带来美德，否则一无是处"。他就饮食习惯、性生活、如何穿着得体、如何对待父母等问题给出了详细的建议。他认为哲学应该具有高度的实践性。此外，他认为哲学应该具有普遍性，无论男女都可以从教育和哲学研究中受益。

当时，鲁弗斯是斯多葛派名师，他在罗马备受尊敬。公元 65 年，暴君尼禄将他流放到希腊的加罗斯岛（Gyaros）（是的，流放处罚在古罗马很常见）。塞涅卡将科西嘉岛描述为"贫瘠多刺的岩石之地"，但这用来形容加罗斯岛更为贴切。加罗斯岛在当时是一个荒漠般的岛屿，现在情况依然一样。公元 68 年尼禄去世，之后鲁弗斯回到了罗马。七年后他再次被流放。在公元 100 年左右，鲁弗斯去世。鲁弗斯留给后世的财富，不仅是学生卢修斯在课堂上记下的为数不多的笔记，他还培养了赫赫有名的爱比克泰德，这是一位颇具影响力的斯多葛派名师。我们现在就来认识他。

爱比克泰德（约公元 55 年—公元 135 年）

不要解释哲学，要将哲学具体化。

——爱比克泰德

爱比克泰德出生于希拉波利斯（Hierapolis，今土耳其"棉花堡"）的一个奴隶家庭。"爱比克泰德"意为"财产"或"买来的货物"，不知道他是否有真名，即便有也不得而知。他的主人伊巴弗提托斯（Epaphroditos）曾经也是奴隶，获得自由发家致富后，买下了爱比克泰德。由于主人在罗马侍奉尼禄皇帝，因此爱比克泰德也在罗马度过了青年时期。爱比克泰德有一条腿残疾，可能是先天残疾，也可能是被前主人打残的。他的新主人伊巴弗提托斯善待他，允许他师从罗马名师鲁弗斯学习斯多葛哲学。

公元 68 年尼禄驾崩，不久后主人释放了爱比克泰德。这种行为在罗马很常见，受过教育的聪慧奴隶都会有此待遇。之后爱比克泰德开始创办学校，传授斯多葛哲学将近二十五年，直到发生了历史上著名的驱逐事件——图密善皇帝（Emperor Domitian）将所有的哲学家驱逐出境。爱比克泰德逃到希腊的尼科波利斯（Nicopolis），学校随之迁到那里。他在尼科波利斯过着简单清贫的生活。图密善皇帝遇刺后，斯多葛主义恢复了往日的地位，并在罗马人中流行开来。当时，爱比克泰德是斯多葛派名师，他本可以返回罗马，但选择留在了尼科波利斯。约公元 135 年，爱比克泰德逝世。尽管他开办的学校地理位置偏僻，但还是吸引了罗马帝国各地的学生。爱比克泰德教授学生，在面对人生苦难时，如何保持尊严与平静等知识。

爱比克泰德和他的老师鲁弗斯一样，并没有留下任何文字作品。幸运的是，爱比克泰德也有一位勤劳的学生阿里安（Arrian）详细做了笔记，并写下了著名的《爱比克泰德语录》（*Discourse*），即爱比克泰德的讲学摘录。（现在我就是那个勤奋的学生，努力把所有的斯多葛主义知识汇编成书……）阿里安还编写了一本短小精悍的书《恩奇里迪翁》（*Enchiridion*），概括了《爱比克泰德语录》里最重要的言论与原则。《恩奇里迪翁》经常被翻译为"手册"（Handbook），但字面意思是"随时在手"。与其说这是一本手册，倒不如说是一把匕首，随时握在手里，应对生活的挑战。

马可·奥勒留（约公元 121 年—公元 180 年）

我一直诧异：我们爱自己胜过爱别人，但在意他人的评价胜过自己的想法。

——马可·奥勒留

"别再浪费时间争论何为好人，去成为一个好人吧。"这话并非出自某些懒散之人的口中，而是来自一位罕见的帝王哲学家，他就是马可·奥勒留。他是权倾天下、具有传奇色彩的罗马帝国皇帝；他是声名最为显赫的斯多葛派哲学家。他的《沉思录》（*Meditations*）由 12 个短篇组成，是写给自己的心灵独白（像是一本日记），是自我完善的指导性图书，被认为是有史以来最伟大的哲学著作之一。

据说，马可十几岁时，不仅热爱摔跤、拳击、狩猎等活动，还喜欢哲学。他师从不同的哲学家。有一位哲学家借给他一本《爱比克泰德语录》，这对他产生了深远的影响。马可 16 岁时，哈德良皇帝（Hadrian）将马可的舅舅安东尼努斯（Antoninus）收为养子，安东尼努斯又收养了马可（马可幼年丧父）①。马可住进皇宫后，无论是与养父共同执政，还是养父驾崩后自己独揽大权，从来没有让政治权力冲昏头脑（他不允许）。他在金钱、权力方面，按行自抑，此外，尽管他对斯多葛哲学感兴趣，也不用手中权力宣扬斯多葛主义，而是向罗马人讲授实践斯多葛哲学的好处。马可是一位极其出色的帝王，他在公元 161 年登基，公元 180 年去世，是罗马帝国五贤帝（Five good emperors）时代的最后一位帝王。

---

① 罗马帝国时期，帝位并不按血缘关系传给亲子，而由皇帝选定的养子接任。马可因才能出众，受到哈德良垂青，哈德良将安东尼努斯收为养子，立为储君时，要求他必须收马可为养子。

第三章

斯多葛幸福三角

> 烈火燃尽一切，发出火焰与光辉。
>
> ——马可·奥勒留

斯多葛学派的历史讲得差不多了，是时候了解斯多葛主义的核心了。

这些富有魅力的哲学家到底在信仰什么，教授什么？他们打算如何实现斯多葛哲学的意义，让人们过上幸福顺遂的生活？斯多葛理论如何让我们做好准备，迎接生活的挑战？我们怎样才能战胜自己的情绪，成为一座不可动摇的力量之塔？

答案很简单：你需要走进现实世界，像一名战士哲学家一样训练。但是你首先需要知道游戏规则，知道为何而战，知道方向：这些是斯多葛主义的核心原则，你将在本章进行学习。现在，你可能觉得这些原则相当简单，但你可能依然无法讲清楚斯多葛主义的核心原则是什么。我第一次学习斯多葛主义时，也觉得它们很简单。我很快着迷于斯多葛哲学，读了很多相关书籍，并告诉朋友斯多葛哲学很棒。但是他们想知道斯多葛哲学到底是什么时，我这才意识到，尽管我读过很多相关书籍，但对斯多葛哲学几乎一无所知，甚至无法向朋友恰当地解释它。

事实证明，概述斯多葛哲学并不容易。记载斯多葛哲学的原始文献包括课堂笔记、私人信件和日记。这些文献不像教科书一样可以给出明确的答案。我发现，即便是现代书籍在叙述斯多葛哲学时也没有给出简单明了的解释，它们往往只是简单罗列各种富有魅力的斯多葛学派思想。这些思想绝对值得学习，但却无法简单概述斯多葛哲学。

这就是我想要介绍斯多葛幸福三角的原因：它可以简单概括斯多葛主义的核心原则。如果你知道斯多葛幸福三角，就能了解并解释斯多葛学派最重要的内容，即使是 5 岁的小孩也能理解它。结合古代文献和现代文献，用简单直观的幸福三角解释，是我能想到的呈现斯多葛哲学的最好方式。希望这对你有帮助。记住，斯多葛幸福三角并不是斯多葛学派提出的概念，而是我对核心教义的形象化解释。

斯多葛幸福三角概述

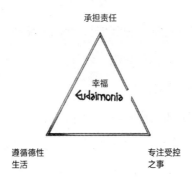

幸福：幸福三角关系的核心是幸福。幸福是所有古代哲学都认同的人生终极目标。正如在第一章所说，追求幸福是斯多葛哲学的主要意义。过上极其幸福顺遂的生活，日子蒸蒸日上。这基本上是所有人追求的目标。所以幸福是斯多葛幸福三角的核心。你还记得幸福（Eudaimonia）这个词的希腊起源吗？幸福意味着与内在精灵，即最高自我和谐共处。如何才能做好这一点呢？遵循德性生活。

遵循德性生活：每时每刻表达最高自我。要想与最高自我和谐相处，就需要缩小理想自我与真实自我的差距，就是此时此刻成为最好的自己。遵循德性生活是运用理性指导行动，并与深层的价值观和谐相处。显然，这说起来容易做起来难。遵循德性生活是宏大的目标，要得以实现，就需要区别好坏，并专注于受我们控制的事情。

专注受控之事：这是斯多葛主义最突出的原则。任何时候，我们都需要关注自己能控制的事情，其他就顺其自然。我们必须接受已经存在的事实，因为我们无力改变。超出我们能力范围的事情，对获取幸福生活并不重要。重要的是，我们在既定的外部环境里选择做什么。因此，无论情况如何，我们都应尽己所能做到最好，这样才能与理想自我和谐相处。

承担责任：好坏都取决于自己。幸福三角的前两角谈到，外在事物与追求幸福生活无关，所以遵循德性生活是你能控制的事情，这足以让你过上幸福生活。解释完幸福三角的前两角后，就谈到承担责任。你要对自己的生活负责，因为每一件无法控制的外部事物，都有受你控制的部分，即你选择如何应对事件。让我们快乐或痛苦的不是事件本身，而是我们对事件的理解，这在斯多葛主义中至关重要。你决定不受外部事物影响之时，就是力量之塔诞生之际。

当然，这只是幸福三角的框架，我们仅仅知道了表层概念。接下来，我们将用隐喻和清晰的观点详细解释幸福三角，并了解妨碍我们每时每刻表现最高自我的"罪魁祸首"。

首先，记住冲浪这个比喻。接下来记住幸福三角理论，这部分非常重要但有点儿枯燥。你的第一堂冲浪课开始了。走，我们下水……一些自以为是的人不顾警告径直冲进水里，这种事情经常发生。一旦学习完理论，你就可以跟着他们下水了，这实在太爽了。你马上就会比那些人做得更好，因为他们缺乏基本的理论知识。但是，有些人会很快跑回岸边，因为他们意识到自己缺少了什么，或者在冲浪时受伤了。让我们开始吧，学会理论再下水。在沙滩上，预备，开始学习理论！

遵循德性生活：每时每刻表达最高自我

只有具备良好的品格，才能永久延续轻松愉快的幸福生活。

——塞涅卡

斯多葛幸福三角的第一个角是遵循德性生活。希腊单词"Areté"的经典翻译是"美德"或"卓越"。我更喜欢"optimize.me"网站的哲学人士布莱恩·约翰逊（Brian Johnson）对该词的翻译。他把"Areté"翻译为："每时每刻表达最高自我"。首先"Areté"这个词意义深刻，再者，很明显该词是希腊文化追求的最高理想之一，所以用希腊单词"Areté"表示幸福三角的第一角再合适不过。我们也不可避免会遇到"Areté"的常见英语翻译：美德（Virtue），所以请将该单词牢记于心。

斯多葛主义的终极目标就在幸福三角的中心，即过上幸福顺遂的生活。为了实现终极目标，我们需要与内在精灵和谐相处。内在精灵即最高自我，代表我们与生俱来的潜能。无论你做什么，都想象有两条线，上线表示理想自我，下线表示真实自我。遵循德性生活就是要努力达到上线，并在当下表现出来，这就是表达最高自我，与内在精灵和谐共处，这时你就过上了幸福顺遂的生活。

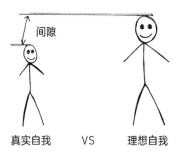

在单一情况下，或在我们的想象中，完美表达最高自我并不难，但在现实世界里，我们往往会惨败。没关系，这就是我们读这本书的目的，即了解自己，知道如何在每时每刻表达最高自我。我们在现实世界中很难表达最高自我，所以才要努力变得更好并提高德性。把德性或美德视为智慧或力量，无论何时都能做恰当的事，那你的行为就与勇敢、自律、善良等最高自我相契合。美德帮助你缩小理想自我与真实自我的差距，差距越大，你就离幸福越远，状态越糟糕，因为差距里潜伏着遗憾、焦虑、幻灭等消极情绪。

美德即努力每时每刻成为最好的自己。如果能做到这点，就能与最高自我和谐相处，并过上幸福顺畅的生活。如果做不到这点，就会产生后悔、焦虑、痛苦。知道这一点非常重要，但是说实话，并没有多大帮助。我的意思是，我们都想成为最好的自己，不是吗？斯多葛学派除了用"遵循德性生活"来表示"表达最高自我"的目标，还会使用另一个常见短语：与自然和谐相处。让我们揭开这个短语背后的智慧。

◇　发挥自然潜能

斯多葛学派认为生活越过越好是在顺应自然，因为内在精灵，像神圣的种子一样，播种在所有人心里，所以我们生来具备自然潜能成为最高自我。正如穆索尼乌斯·鲁弗斯所说，我们"生来就倾向于拥有美德"。换句话说，让神圣的种子在我们内心深处生根发芽、茁壮成长，并在生活中发挥潜能，这是我们的自然本性。因此，人的美德取决于如何发挥自然潜能。具备美德就是遵循自然。这就是斯多葛派名言"与自然和谐相处"的来源。

简而言之，对所有生物而言，美德就是发挥自然潜能。如果我们无法做到这点，就会有所缺失，无法过上幸福生活。很明显，如果我们无法发挥自然潜能，就永远无法成为最好的自己。

举一个自然界的例子。葡萄籽的自然潜力是长成葡萄藤并结出果实。因此葡萄籽长出葡萄藤并结出葡萄，就是发挥自然潜能，此时葡萄籽就遵循德性生活，与自然和谐相处了。

葡萄藤结出葡萄就是在表达最高自我。获取幸福生活只在于自己，并不需要任何外界事物，不需要海滩别墅，不需要钻石戒指，不需要精致瓷盘。一般来说，任何东西都具有自然潜能，这就是斯多葛学派具有吸引力的原因。无论是贫穷还是富有，无论是健康还是患病，无论是美是丑，所有人都具备获得幸福生活的潜能，所有人都能过上幸福生活。但是我讲的内容有点儿超前了，在斯多葛幸福三角的第二角里，我们会更加了解外部事物的无关紧要性。

人类的自然潜能不仅在于表达最高自我，还包括其他方面。斯多葛学派认为，人类与其他动物的最大区别在于，人类具有运用理性的能力。斯多葛学派名师爱比克泰德解释说，人类有别于野兽、绵羊，是因为人类有理性，而不在于皮肤是否裸露、骨头是否更脆弱，或是尾巴是否消失等原因。我们任由自己意气用事或轻率行事时，就是在否定自己的人性，堕落为牲畜。他问道："我们争强好胜、招惹是非、愤怒粗鲁时，不就堕落为野兽了吗？"

爱比克泰德认为，运用理性是激发自然潜能的核心所在，每时每刻都具备理性，就能让我们做到最好。一方面，运用理性是我们最宝贵的天赋，如果我们在生活中保持理性，就能拥有幸福顺遂的生活，这就像葡萄藤结出了葡萄。但另一方面，理性也会给我们带来最沉重的负担。

斯多葛学派认为，总是努力成为最好的自己，这是合乎情理的。我们的内心深处都播种了这颗理性的种子，播种了最高自我的种子。因此，我们有可能过上德性的生活，也就是说，过上由理性主导并表达理想自我的生活。表达理想自我，通常表现为做出有益于自己和他人的行为，且是值得赞扬的高尚行为。如前所述，对于所有生物而言，美德就是发挥自然潜能。对于人类而言，美德是运用理性。记住，遵循德性，遵循美德，遵循理性，顺应自然，都是实现幸福生活的不同表现方式。

明显，在斯多葛哲学中，运用理性不仅包括自身行事理性，还包括履行对别人应尽的义务，承担社会责任，比如尊敬父母，善待朋友，关心人类福祉等。因此，作为具有理性的社会生物，我们应该运用理性表达最高自我，这在生活中主要表现为三个方面。

对待自己的思想： 作为具有理性思考能力的人类，我们应该理性、明智地考虑自己的行为，在任何时候都努力成为最好的自己。

对待他人： 人类是社会性生物，出于本能会相互关心。我们应该努力与他人和谐相处，为人类福祉做贡献。

对待宇宙： 我们是浩瀚宇宙的公民，应该努力与自然和谐相处，平静地接受发生的一切，并努力明智地做出回应。

我知道德性、美德、理性、发挥自然潜能的概念很抽象，让人很难清楚地理解它们在实践中的具体体现。幸运的是，斯多葛学派采用简单易懂的德性分类法，将德性分为四项基本美德（the four cardinal virtues）。斯多葛学派用这些理想美德，描绘出一个极其明智优秀的人——斯多葛学派的圣人。你可以将这四项基本美德称为阿多尼斯（Adonis）[①] 的性格特点。

你可能会想，我们是否有可能，每时每刻都成为最好的自己？这是不可能的。所以斯多葛学派才把圣人视为理想状态，因为人不可能完美。斯多葛学派认为，我们不需要做到完美，但至少可以尽可能做到最好。因此斯多葛主义者思考圣人的状态，他们想尽可能做到最好，像圣人一样获得完美的幸福。唐纳德·罗伯逊说："他完全与自己、与他人、与整个自然和谐相处，因为他遵循理性，而且即便无法掌控命运，也能淡然接受命运。他克服了非理性的欲望和情绪，达到内心的平静。"唐纳德·罗伯逊的品格高尚美好，绝对值得赞扬。

毫无疑问，圣人是假设的理想状态，但斯多葛学派认为有可瞻仰的榜样作为标杆大有裨益。圣人使我们更容易想象出理想自我，他就像路标能够指示方向。现在，让我们看看四项基本美德，并通过学习这些美德了解圣人行事的标准。

◇　四项基本美德

无论何人，要想离幸福生活这个终极目标更进一步，都要在遵循德性生活上取得进展。斯多葛学派借鉴苏格拉底的哲学提出了四项基本美德——智慧、正义、勇气、自律。具备这四个品德，就能拥有强大的人格，让你像圣人般行事高尚，获得赞赏。与这四项基

---

① Adonis 出自希伯来语、希腊语，寓意务实、可爱、伟大、英俊、美丽。

本美德相反的是四项基本恶行，那是不道德、邪恶的性格特征。卡喀亚（Kakia）是希腊单词，与德性相反，指人性格软弱，无知可耻。

智慧是知道如何恰当行事并恰当感觉。智慧包括深思熟虑、洞察力和良好的判断力。与智慧相对的行动是愚蠢或冲动。

正义是在与他人交往时，知道如何行事适宜。正义包括善良、正直、公平。与正义相对的恶行是不道德或不公正。

勇气是在感到恐惧时，知道如何正确行事。勇气包括勇敢、毅力、诚实和自信。与勇气相对的恶行是懦弱。

自律（或节制）是尽管受到强烈的渴望或厌恶等情绪的影响，仍然知道如何正确行事。自律包括遵守秩序、自我控制、宽恕和谦卑。与自律相对的恶行是放纵。

这四项基本美德绝对是值得追求的品格，对吧？你我都可以凭直觉感知这些美德。即便人类的宗教和文化背景不同，但肯定都珍视自己以及周围人身上的这类品格。你看到这些品格，可能觉得自己为人正义，总是非常公正地对待别人，但又觉得自己不够自律，总是忍不住要喝一杯里奥哈葡萄酒（Rioja）。每一项美德的水平参差不齐，这完全正常。但斯多葛学派强调美德的整体性，皆有才有，一无俱无。

斯多葛学派做了类比进行解释：一个人可以兼具诗人、演说家、将军等不同的身份，但他仍然只是作为个体而存在。同样，美德可以体现在不同行为上，但统一叫作美德。所以，一个人可以同时是优秀的诗人、不错的演说家和差劲的将军，但更重要的是他作为人的整体特征，而非特定领域的单一行为。我们仔细想想会发现，这种全有或全无的整体思想很合理。毕竟，我们不想把一个所谓"自律""勇敢"的银行劫匪称作有道德的人。

只有圣人才会达到理想状态，具备完备的美德。但只要你的美德是作为整体而存在的，便令人鼓舞。作为完整的人，你可以成长、变得成熟，别人是否看到你高尚的行为并不重要，你取得进步并努力成为最好的自己就足够了。因此，美德本质上是实践智慧的一种形式：知道什么是适当的事并真正去做。记住，在葡萄生长的前几年，葡萄藤不会结出高质量的果实，即使藤叶繁茂，还是会不断长出一些酸葡萄。同样，努力去成为最好的自己，在这一过程中得以提高自己，当然，即使这样，仍会不断暴露出一些缺点。这种不完美是完全正常的，斯多葛主义者在自己的生活中发现了这点。

这里举一个塞涅卡的例子。"晚上熄灯后，我的妻子就保持沉默。她知道我的习惯，我会在睡前回顾一天，审视自己的一言一行。"每天晚上，塞涅卡都在内心"开庭"，陈诉自己的行为，并在日记中记录一些关于愤怒的故事。我最喜欢的一个故事是，塞涅卡在出席某个活动时很生气，他认为自己没有坐应有的上位。他一晚上都闷闷不乐，对安排座位的主人和坐在尊贵位子的客人生气。后来，他在日记中写道："你这个疯子，都是体重落在那个位置上，又有何区别？"

问题在于，没有人能凡事尽善尽美，只要竭尽全力即可，不完美并不重要。这个世界并不是非黑即白，我们无法总能分辨正确的事，但可以总是向着更好努力。我发现遵循德性生活最简单的方法，就是无论何时都简简单单地去努力成为关爱他人、关爱自然的好人。换句话，就是培养自己的品格。

注意，我们想在任何情况下都成为最好的自己，我们想要遵循德性生活，就需要注意脚下的每一步。今天，我们称其为"正念"（mindfulness），斯多葛学派称其为"警觉"（prosochê）。用马可·奥勒留的话来说，我们应该"密切关注……手头任务的完成情况，精细地分析，保持真挚的尊严，怀着人类的同情心，秉承客观公正的态度"。我们可以做到心无杂念，保持头脑警惕，只要"把每一次都当成生命的最后一次"。

想象一下，你光脚走在沙滩上，突然发现有一块区域满是碎玻璃。现在你小心翼翼，盯着脚下的每一步，就像老鹰走路，那才不会伤到自己。斯多葛学派希望我们行事也这样警觉。如果我们渴望行事具备德行，就必须集中注意力，持续进行自我观察。如果无意识地生活，又怎么确保行事正确？思想游离，行为就会变得盲目，人就会变得愚蠢，离当下最好的自己越来越远，那就等于放弃了获得幸福的最佳机会。这种事情会发生无数次，这时我们最需要正念。塞涅卡说："意识到错误是救赎的第一步，你必须先发现自己做错事，然后才能纠正它。"就像他意识到，自己因为座位问题迁怒于他人，实在是自己在发疯。如果缺乏这种意识，我们就会冲动、不经思考、随意地行动，这与我们想要的恰恰相反。

"警觉是斯多葛学派的基本精神态度，"作家皮埃尔·哈多

（Pierre Hadot）解释说，"这是持续保持头脑警觉，时刻具备自我意识，持续处于精神紧绷的状态。"正是这种态度让哲学家时刻关注到自己所做的事，并且完全掌控自己的行为。时刻保持警觉是斯多葛学派的目标。爱比克泰德说，人终究还是会犯错，但是可以努力不犯错，"如果我们能永远保持这种警觉性，至少可以避免一些错误，那就要感到满足了"。

◇ 品格胜过美貌

"脱下参议员的衣服搁在一旁，穿上破烂衣裳，以这样的形象出现。"无论你在社会中扮演什么角色，无论你是穿西装系领带还是穿凉鞋配袜子，爱比克泰德指出，重要的是你的品格。辨别评判真正的斯多葛主义者的唯一标准是看他们的品格。

想想你认识的人中，有没有人品格坚韧？我想到的是布鲁诺（Bruno）。布鲁诺是我之前的足球教练。他人很靠谱，值得信赖。最重要的是，他行事始终如一。他在任何处境之中，都一贯秉承公正诚实的原则。他的性格坚如磐石，带着一点荒诞的幽默。我相信你环顾生活，也可以想到像布鲁诺这样的人。斯多葛主义这么重视人的品格，原因很清楚。

我曾在一篇文章中写道："品格胜过美貌。"这句话对我们现代社会可能不太适用，因为我们所处的时代将在历史书上被称为狂热追求美貌的时代。但这句话对斯多葛哲学来说，绝对正确。斯多葛学派更进一步称，"品格胜过美貌、财富、权力，甚至还胜过逗人开心的小丑"。具有美德的人品格突出，总是努力做到最好，基本上能受到他人的尊敬与赞扬。斯多葛主义认为，美德是善的最高形式，遵循美德生活最终将把你塑造成真正的好人，遵循美德生活还会给你带来额外的奖励。

让我们再把话题拉回布鲁诺。他做事一贯公平诚实，这种行为会被忽视吗？不会！他多次得到晋升，之后被提拔为教练，成为俱乐部响当当的人物。据我所知，每个人都喜欢并欣赏他。他性格坚毅，为人靠谱，这给他带来了许多奖励。例如，他受到球员的爱戴和钦佩，在俱乐部受人尊重，说话很有分量。因为品格优秀，布鲁诺确实感受到了快乐与价值。

同样在生活中，品格带来的额外奖励也很常见。我们行事勇敢，为人诚实公正，就会获得一些积极情感。大声斥责霸凌者，受害者会感谢你，你也会因此感到骄傲。告诉父母自己去娱乐场所的真相，你就会如释重负。坚持寻找工作，一旦被录取了，你就会很高兴。

斯多葛学派强调，遵循德性行事的首要目的不是为了获得这些积极情感，这一点很重要。这种积极情感应该是额外的奖励，原因至少有两点：

1. 额外的奖励（例如快乐）不受我们控制。

2. 其他非德性行为也可以带来这种奖励。

你遵循德性行事，是因为所做的事正确，而不是因为它会以某种方式回报你。帮助被欺凌的女孩，是因为路见不平，帮助别人是正确的事，而不是帮助别人会让你心情愉悦，也不是因为帮助女孩后，你有机会与她约会。额外的奖励具有不确定性，不受你控制。你只能控制自己的行为，控制不了后面发生的事。对，你可能会因为帮助她而感到高兴，你可能会得到她的电话号码；但你也可能被霸凌者扇耳光，可能被那个女孩忽视。斯多葛主义者即便内心抗拒，也愿意勇敢行事，但并不是为了未来可能获得利益。

马可在著作《沉思录》中概述了这一点。他将人分为三类。第一类人，做了善事后，迅速要求对方回报自己。第二类人，不会那么快要求回报，但私底下认为对方亏欠了自己。第三类人，就像"结出葡萄的葡萄藤，一旦结出了果实，就不再要求什么"，就像比赛后的马匹，产蜜后的蜜蜂，它们不求回报，只顺应自然行事。善待他人是我们的自然本性，我们应该遵循自然。

◇ 斯多葛学派的人类之爱：为共同福祉行事

我们是社会性生物，对他人有天然的感情。塞涅卡认为，斯多葛哲学善良温和、热爱人类，关心人类的共同福祉。斯多葛哲学的目标是，让自己于他人有用，照顾自己的同时，也能够帮助他人。

斯多葛学派认为，我们应该关爱他人，希望他人越过越好，并与他人建立亲密关系，即使是陌生人和反对者，我们也应视为兄弟姐妹、叔叔阿姨等亲人。我们共同享有一个世界，是世界的公民，这种亲缘性是相互爱护、建立友谊的基础。

爱比克泰德说，人不可能谋得利益，"除非为社会做出贡献"。

我们是社会性动物，也是理性动物，这是我们的自然本性。人类生来就要过群居生活，就像蜜蜂一样，穆索尼乌斯·鲁弗斯说："蜜蜂无法独居，一旦独居就会死亡。"鲁弗斯还简洁地补充道，"对蜂巢无益之物，于蜜蜂也无益。"我们的行为必须有益于共同福祉，否则就不会有益于自己。我们就像一个庞大的有机体，相互依赖。

我们承担的社会责任是关心全人类，并团结合作，互帮互助。鲁弗斯说："我所做之事，都应该为了达成这个唯一目标：为全人类的共同利益与和谐奋斗。"我们不能为共同福祉做出贡献，就无法表达最高自我。我们想要成为最好的自己，就要积极关心别人的幸福。对别人益处最大，对你也益处最大。

我们是社会性生物，不仅意味着我们喜欢群居。社会性生物还有更深的含义：缺少别人的帮助，我们就无法生存。因此，与人为善，实际上就是为自己谋福利。造福他人是美德的一种形式，造福他人最终造福自己，因为遵循德性必定自会开花结果。现在你知道了，与人为善是造福自己，你可以自私地为自己去做善事。这一切都是为了造福自己。

最后，我们行善是基于利己还是利他并不重要，只要是为了人类的共同福祉行事即可。还记得马可描述的三类人吗？第一类人总是寻求回报，第二类人认为别人亏欠了自己，第三类人更像是结出果实的葡萄藤，不求任何回报。与人为善是社会责任，不需要寻求任何回报。

马可说，履行社会责任确实能为自己谋求幸福生活，创造最佳机会。这是为了共同福祉行事获得的奖励。别人的感激、钦佩或是赞同，都是不确定的额外奖励，不应该成为你的行事理由。但马可为共同福祉行事，也是基于自身的考虑，因为他认为这是他获得幸福生活的最佳机会。

遵循德性生活并为共同福祉行事，自有回报。这是我们的自然本性，最终会为我们过上幸福顺遂的生活，创造最佳机会。我们不要期盼得到额外奖励，比如别人的赞赏，因为这些奖励不受自己控制，而且可能很快会消失。塞涅卡说："但是智者不会丧失一物，他们的资产牢牢抓在手里，受到美德的束缚，并不需要借助运气获得任何东西，因此不会有增减。"

品格彰显于行为。无论何时，品格都是人们能依靠的东西。斯多葛哲学认为，无论何时都努力表达最高自我，并引导自己为共同福祉行事，这就足够了，这是你能做到的事。马可提醒自己，燃料耗尽，灯光始灭。他的真理之灯、正义之灯、自我控制之灯不能长亮，直至身躯耗尽。从这个意义上讲，只要我们存在于世，表达最高自我，那就能点亮美德之灯，让它们发光发亮。

专注受控之事：淡然接受一切并做到最好

接受良好的教育后做什么？根据自然规律，学会将与生俱来的预想应用于正确之事，学会区分辨别受我们控制之事。

——爱比克泰德

"有些事我们能掌控，有些事我们无能为力。"这是爱比克泰德著作中的第一句话。正如我们先前所学，"恩奇里迪翁"翻译过来就是"随时在手"。同样，我们应该随时做好准备，区分事情是否受自己掌控，并借此帮助自己，应对生活中发生的一切。爱比克泰德的核心思想是，有的事情取决于我们，有些则不然；我们应该"充分利用受我们掌控的事情，其他就顺其自然"。这个观点是斯多葛哲学的基础，也构建了斯多葛幸福三角的第二个角。

想象一下，你手里拿着一个和你一模一样的娃娃，我们就叫它巫毒娃娃 ① 吧。这个娃娃真漂亮。现在，你走到窗前打开窗户，把娃娃扔到街上。你待在家里，希望在阳光明媚的日子里发生一些幸运之事。突然，你的情绪翻涌，就像过山车一样，你完全没有了理性与自制。哈巴狗咬你，高级管理人员欺负你，你坐的普锐斯（Prius）汽车翻了。呃……生活糟糕透了！很多人担心自己无法控制的事情，就像担心别人用巫毒娃娃诅咒自己。担心外在事物就是遭受情绪痛

---

① 巫毒娃娃（Voodoo Doll）起源于非洲南部的巫毒教（Voodoo）。原始的巫毒娃娃均是由兽骨或是稻草编制而成，个个面目狰狞，被视为邪恶诅咒的代表。现在巫毒娃娃的意义并不仅仅代表诅咒和惩罚，更在爱恋、守护和心理治疗方面具有象征作用。

苦的根源。史蒂文喜欢我吗？我会得到那份工作吗？为什么我没有变高、变瘦、变好看？担心自己无法直接控制的事物会导致情绪痛苦。这就是为什么斯多葛学派告诉我们，把想象中的巫毒娃娃拿回来，重新掌控在自己手中，让自己决定自己什么时候什么感受。斯多葛哲学希望我们关注受自己控制的事情，至于哈巴狗要咬哪里，那就咬吧。

那我们能控制什么？我们只能控制少数事情：用自己的判断力与行为。我们可以决定周遭事物对我们的意义，决定我们应对的方式。（我们将在介绍斯多葛幸福三角的第三个角时，更详细地谈到判断力。）此外，就像前文所说，我们可以选择遵循美德行事。其他一切都不受我们控制。天气、他人的行为、我们的健康和身体，周围发生的一切，几乎都不受自己控制。

当然，我们可以通过举重，全速短跑，每天吃西兰花等方式改变身体，但这不会使我们的骨骼变粗变宽，鼻子变直，或者眼睛变蓝。很多事情确实会影响我们的身体，比如基因、孩童时期受的伤，但这些均在我们控制之中。斯多葛哲学的控制二分法告诉我们：有的事情取决于我们，有些则不然。因此，我们能对世界产生三种影响力：

深度影响力：基于判断和行为做出的选择。

部分影响力：基于健康、财富、人际关系，以及我们行为产生的结果。

无影响力：天气、种族和大多数外部环境。

"这完全取决于你。谁会阻止你善良做人、真诚待人？"马可经常提醒自己，自然本性赋予他的力量，是选择行为与塑造品格的力量。他说，别人不会钦佩你拥有那些与生俱来的品格，但是你可以培养其他品格。"所以，展示你能掌控的全部美德，如正直、尊严、勤奋、自制、知足、节俭、善良、独立、简单、谨慎、宽容等。"

能阻碍我们获得这些品格的人，只有我们自己。我们有能力抵制邪恶，抑制傲慢，不再追名逐利，并控制脾气。"你难道没有看到，在不找任何借口，不说自己缺乏天赋或缺乏才能的情况下，可以展现多少美德？你发牢骚、拍马屁或责备别人，是因为你不具备这些天生的德性？"不，不是这样！即使我们什么都无法掌控，或只能掌控部分，我们还是能选择自己的行为。

在我们详细谈到什么东西受自己控制之前，先看一个实践例子。《平静祷文》（ *The Serenity Prayer* ）是嗜酒者互诫协会（Alcoholics Anonymous）[①]和其他康复团体使用的祷告词："请赐我宁静，去接受我无法改变的一切，请赐我勇气，去改变我能改变的一切，并赐予我智慧，去分辨两者的不同。"

戒酒者无法改变童年，他们可能生在糟糕的家庭中。他们无法改变过去的选择，无法改变成为"瘾君子"的事实，无法消除给自己和他人带来的痛苦。但是他们可以接受过去，专注于现在的选择，

---

① 嗜酒者互诫协会，又名戒酒匿名会（Alcoholics Anonymous），是美国退役大兵比尔和鲍伯医生于 1935 年 6 月 10 日建于美国的戒酒团体。协会成员相互交流经验、相互支持、相互鼓励，帮助成员从嗜酒的泥潭中走出来，得到全面康复。

尝试去改变现在，改变未来。同样，我们也可以专注于自己能够控制的事情，注重我们每天做出的选择，其他事情就会顺其自然。爱比克泰德说，担心不受我们控制的事情，只会徒劳无功。

◇ 斯多葛弓箭手：关注过程

我是瑞士人，是时候讲述一段瑞士传奇了。14 世纪早期，维也纳的哈布斯堡皇帝（ Habsburg ）压迫剥削瑞士部分地区。在一个村子里，残暴的总督在集市上立起一根旗杆，把自己的羽毛帽子挂在上面，要求每个人对帽子鞠躬致敬。威廉·泰尔（ William Tell ）和儿子路过时没有鞠躬。他们可能不知道鞠躬这件事，或者无视这条规定。之后，总督让泰尔的儿子头顶苹果，让泰尔用弩弓射击苹果。幸运的是，泰尔是射箭高手，他击中了苹果。但他还是被逮捕了，因为他承认，如果没有射中苹果，误杀了儿子，就准备用第二支箭射杀总督。

泰尔被抓到船上，带往总督府囚禁。但一场暴风雨来袭，他成功逃走了。泰尔知道自己现在面临死刑，于是急忙在通往总督府的小巷里设下埋伏。残暴的总督领着侍从穿过小巷时，泰尔出现了。他用第二支箭，刺穿了总督的心脏，然后归隐山林。这名瑞士人的这场英勇刺杀行为，引发了一场暴动，并由此诞生了自由国度——瑞士联盟（Swiss Confederacy）。可喜可贺！

在泰尔射下儿子头上的苹果之前的几百年，斯多葛学派也曾用弓箭手的比喻解释他们的基本思想，即专注于受你控制的事。泰尔拉弓，单眼瞄准，屏住呼吸，发射。现在想象一下，箭在空中缓慢前进，它朝着苹果射过来。箭一发射，泰尔就无法再控制它了。他只能等待着，眼睁睁看着。可能会有一阵突如其来的大风把箭吹偏；可能箭会碰到前方飞来的鸟；可能儿子会弯下腰来；或者孩子母亲会勇敢地跑出来，挡下这支箭。

至于箭是击中苹果还是击中儿子的眼睛，这事他无法控制，但泰尔可以在发射的那一刻竭尽全力。同样，这个道理也适用于我们日常生活。我们可以选择自己的意愿和行为，但最终结果取决于我们无法控制的外部变量。这就是为什么斯多葛学派建议我们，关注自己能控制的事情，其他就顺其自然。

在现代，我们称这个过程为聚焦，即聚焦过程（受我们控制），而不是期待结果（不受我们控制）。射箭期望的结果是击中目标，但这并不应该是我们的关注点，因为它不受我们控制。更明智的做法是，把注意力放在过程上。这个过程能最理想地实现我们期待的结果。斯多葛学派意识到，过程会影响结果。过程事关我们的行为，过程是有意识的训练，过程是为精准射击所做的一切准备。

因此，成功可以定义为，努力去做我们能控制的一切事情。无论是否达到目标，无论是输是赢，无论我们是否减肥成功，结果都无关紧要。过程早已彰显我们是否成功。所以，斯多葛弓箭手专注于过程（做好准备、瞄准目标），获得好结果（击中目标）也不会欢呼雀跃，取得坏结果（没射中）也不会感到绝望。斯多葛派弓箭手在过程上获胜了，并准备平静、镇定、自信地接受任何结果，因为他们知道自己已经竭尽全力了。

专注于过程，专注于你能控制的事情，这能极大地增强自信心。你知道自己竭尽全力去做，无论结果如何，你都成功了，因为这是你能做的所有事情。如果你在工作、人际关系和维护健康方面都竭尽全力，就会始终感到自信平静。这种镇定自信或平静源于你知道自己做了能力范围之内的一切，因为这就是你能控制的一切。即使结果不理想，你也可以获得满足感，因为你知道自己尽力了。结果不如意，也没有必要解释原因，结果受到太多不可控因素的影响。

只有自己没有做好能力范围之内的事情，才会没有安全感，才需要为自己辩解。正如前文所说，这是真实自我与理想自我之间的黑暗间隙。斯多葛学派强调，焦虑和内心的扰乱来源于渴望控制自己无法控制的东西。正如爱比克泰德说，希望朋友和亲戚长生不死，这很愚蠢，因为这不受我们控制。情绪痛苦的根源在于担心自己无法控制的事情，我们应该关注过程，因为过程完全受我们控制。如果把成功定义为在过程中竭尽所能，那我们就不会有挫败感，就会感到镇定自信，并平静地接受任何结果。

◇ 斯多葛式接受：享受旅途或被生拉硬拽

　　"痛苦是我们对发生的事情产生心理抵触。"丹·米尔曼（Dan Millman）在《和平勇士之路》一书中解释道。结果会让我们的肉体产生疼痛，但是内心的痛苦与困扰只来自对结果的抗拒，对现实的抗争。我们对妨碍交通的司机愤怒，对考试成绩不满，因为火车晚点而绝望。如果我们客观地看待这些事情，就会意识到与之抗争是徒劳的，因为我们无法改变已经发生的事情。然而我们一直在与现实做斗争，并希望能改变现实。司机不应该那样开车，我的成绩理应更好，火车应该准时。我们一定要让现实遵照我们的方式发展，按照我们想要的方式发展，遵循我们的期望发展。于是，我们苦恼。

　　爱比克泰德说，一切皆是天意。我们产生情绪痛苦是因为我们分不清，自己能控制什么，无法控制什么。与现实做斗争，与我们无法改变的事情做斗争，会让我们心神不定，愤怒，责备他人，怨恨生活，憎恨上帝。

无论何时，一旦我们渴望无法控制的东西，平静和自信就会被打破。我们得不到想要的东西，就会心烦意乱；得到了想要的东西，也会在获取的过程中感到焦虑，没有安全感，因为我们永远怀疑自己是否有能力获得。所以，我们应该始终专注于自己能控制的东西，那样就不会责怪别人，不会怨恨生活，不会与自然法则对抗，这就是斯多葛主义的力量来源。我们可以控制自己的行为，但无法控制结果。内化这一基本事实会让我们自信，因为我们已经竭尽所能去做自己能控制的一切。这种自信会让我们平静地接受一切事情。

关注你能控制的事情，其他就顺其自然。斯多葛学派建议，即使事情令你不满意，也要接受它们。首先去接受无法掌控之事，然后在现有的基础上，努力做到最好。我们应该接受每一件已经发生的事，而不是与之对抗。如果一个人妨碍你通行，那就妨碍吧。如果成绩差，那就是差，你还有机会做好准备，考得更好。如果火车晚点了，那就是晚点了。也许晚点是好事，这谁知道呢？你知道的就是火车还没到，但这有什么，驾驶员是别人，火车受别人控制。

大多数事情都不受我们控制。你可以随遇而安，试着去享受；或者拒绝接受，被牵着鼻子走。斯多葛学派用精彩的比喻解释了这一点。想象一下，一只狗被拴在前进的马车上，狗链很长，狗可以有两个选择：（1）跟着马车前进，虽然没有主动权，但它可以坐在马车里，享受旅程，探索四周；（2）拼尽全力，顽强抵抗，但还是被生拉硬拽着前进。

就像那只狗一样，我们无法控制生活中的很多事情。要么接受现状并努力做到最好，要么像顽固的婴儿一样与之抗争，最终哭泣并感到痛苦。用瑞安·霍利迪（Ryan Holiday）的话来说："误以为事件会持续发生，才会心烦意乱；误以为对事件有选择权，才会抵触改变。"所以，我们应该铭记爱比克泰德的建议："不求一切如你所愿，只愿一切顺其自然，那生活就能顺遂。"这个道理很简单，但并不容易做到，我们将在第二部分进行有针对性的训练。

人生确实会遇到一些极其不幸的事。你心爱的人去世了；洪水摧毁了家园；你失业了；你考试不及格……你不能改变这些现状，只能努力凭借高尚的情操接受它们的存在，努力在既定的情况下做到更好。斯多葛哲学教导我们，你在既定的情况下选择做什么、怎样去做，这才重要。结果不受你控制，因此结果不太重要。

爱比克泰德追寻的那一类人便是如此："让我找到他：在乎自己怎么做，做什么，在乎自身行为，不在乎结果的人。"

注意：顺其自然与听天由命不同。斯多葛学派认为很多事情不受我们控制，我们应该平静地接受任何结果，但这并不意味着斯多葛学派毫无斗志，对一切感到无能为力，或者采取听天由命的态度。相反，斯多葛学派提倡的理念和实践恰恰反对听天由命。顺其自然与听天由命的区别在于，本应发生的事情是否因为你的行为没有发生。你可以通过主观行为，影响结果。你为了达成目标付出多大的努力，这对结果至关重要，但是能否达成目标又不完全取决于你。

如果你欣然接受发生的一切，那就是在听天由命——这种说法是无知的表现，而且完全没有经过思考。比起与既成事实抗争，接受发生的一切需要付出更多努力。接受不可避免的事情，这是人的正常行为。接纳并应对不幸，这是坚强谦逊的人所为。换句话说，需要战士哲学家才能做到这点，因为战士把发生的一切，视为成为最好的自己前必须克服的挑战，但是普通人将发生的一切视为恩赐或诅咒。

我们应该接受发生的一切，但这并不代表我们认可现状。这只是表明，我们知道自己无法改变现状，因此最好的选择是接受它，之后努力做到更好。"没有人希望自己的孩子生病，没有人希望自己发生车祸；但这些事情发生了，心理抗拒又有什么用？"这是拜伦·凯蒂（Byron Katie）在她的著作《什么是爱》（*Loving What Is*）中所说。当然，有时发生了一些糟糕的事，与之抗争并没用，放弃并觉得无助也没用。斯多葛学派的方法是把这些事情视作挑战。困难就像是大理石坯，我们在上面练习雕刻，用以表达最好的自己，最终变得更加强大。

斯多葛学派并未秉承听天由命的态度，他们致力于采取适当的行动以影响世界。马可是当时最强悍的军事和政治领袖，为了保卫罗马帝国，多次领军征战。他聪慧睿智，知道自己能控制什么，无法控制什么。他勇气过人，专注于自己能控制的事并采取行动。他镇定自若，平静地处理自己无法控制的事，如此就不会动摇自己的心境。

◇　好事、坏事与无关紧要之事

"世上有三事：好事、坏事、无关紧要之事。"爱比克泰德在内的斯多葛主义者不仅区分了事情是否受我们控制，还区分了好事、坏事和无关紧要之事。只有受我们控制的事才有好坏之分，不受我们控制的事可以归类为无关紧要之事，这一点很重要。这就是为什么斯多葛派弓箭手能平静地接受任何结果，因为结果不受控制，结果最终也是无关紧要之事。然而斯多葛学派做了更细微的区别，将击中目标（或击中苹果）定义为优先无关紧要。毕竟，如果结果完全中立，你为什么要努力首先击中目标？在我们深入了解该区别前，先看看好事、坏事、无关紧要之事涵盖的范围。

好事：一切美德，如智慧、正义、勇气、自律。

坏事：一切恶习，如愚蠢、不义、懦弱、放纵。

无关紧要之事：其他一切事情，如生与死、健康与疾病、富有与贫穷、快乐与痛苦、名声好坏。

好事与坏事只存在于人的行为之中。如前所述，表达最高自我就足以让你过上幸福顺遂的生活，因为这是你能控制的事。我们的行为举足轻重，品格的养成也对获取幸福生活至关重要。生活幸福并不需要任何外部因素。生活不幸福也是如此，它源于恶行，与外部环境无关。那唯一的善就是顺应自然，发挥我们的自然潜能，并遵循智慧、正义、勇气和自律等美德。然而，我们的德性行为能带来什么结果，这取决于命运，不受我们控制，因此既不是好事，也不是坏事，而是无关紧要之事。如果不受我们控制的事，都有好坏之分，那我们注定要遭受痛苦，因为我们无法对其做什么。我们必须要掌控所有的好事。

无关紧要之事可以概括为健康、财富和名誉；但基本上所有外在的东西，所有不受我们控制的东西，都可以归类为无关紧要之事。斯多葛学派说的"无关紧要"是指这些事情属于中性，既不会有助于我们过上幸福生活，也不能损害我们的幸福生活，它们对于获取幸福顺遂的生活并不重要。如果获取幸福生活需要这些外在东西，那缺少它们的人就会沮丧。因此，我们不应该在意无关紧要之事，就像前文所言，顺其自然，而不是与之抗争。斯多葛弓箭手能够做好准备平静地接受任何结果，因为结果不受他的控制。

然而，"无关紧要"这个词会产生一些误导，因为它表面意思是这些事情没有丝毫价值，但事实并非如此。尽管这些外在事物不会影响获得幸福生活，但人们的喜好不同。人们凭直觉都会选择健康而非患病，选择富裕而非贫穷，选择美丽而非丑陋。很明显威廉·泰尔更希望射中苹果而非射中儿子。这些叫优先无关紧要。如果可以选择，我们总是选择更好的东西。斯多葛学派也是一样，他们寻求更好的选择，但是以超然的方式对待结果。他们虽然愿意拥有它，但如果无法拥有也没关系。斯多葛学派优先考虑的事情依然是遵循德性生活，只有当这些优先无关紧要之事不影响哲学家们表达最高自我时，他们才会去追求。

斯多葛学派视友谊为优先无关紧要之事中最为重要的东西。我们人类的本性不仅包括理性，还包括社会性，因此我们天然会被其他人吸引。善良的人总是对兄弟、邻居、陌生人等，表现出仁爱善良、正义关心。拥有聪慧善良的挚友是世界上最珍贵的外在事物之一。

正如塞涅卡写道，智者"无论内心多么富足，他都渴望朋友，渴望邻居，渴望同事"。没有朋友，人们也能过上幸福生活，但人们不喜欢这样。

斯多葛学派不像好莱坞电影那样，它从不把爱情看得比道德情操更重要。无论何时，只要涉及美德，其他需要都会让步。"爱情可以征服一切"的主题或许很浪漫，或许可以拍出优秀电影，但这恰恰与斯多葛学派的优先原则相反。如果代价是品格，即使是爱情也应该牺牲。同理，追求友谊如果不需要你抛弃美德，那就追求吧。如果要羞耻地追求友谊、健康和财富，倒不如体面地忍受孤独、疾病和贫穷。好人永远追求美德，并不惜一切代价避免恶行。

塞涅卡精妙地解释道："善者愿行高尚之事，即便为之奋斗，即便因其受伤，即便招致危险；善者不愿行卑劣之事，即便可获财富，即便可寻快乐，即便可获权力。无事可阻其行高尚之事，无事可诱其做卑鄙之事。"

◇ 人生就像扑克牌局，好牌烂牌都能赢

扑克可以恰如其分地解释好事、坏事和无关紧要之事。你拿到的扑克牌代表不同的外部环境和生活状况：家里的平板电视，遇到

的刻薄老板，家人患上的疾病，孩子的糟糕成绩，带给你鼓励的挚友。这些都是你拿到的各种扑克牌，现在开始打牌。拿到这些扑克牌全凭运气，你并没有掌控权。所以拿到什么牌并不重要，扑克牌是中性、无关紧要的，重要的是你如何打好牌。

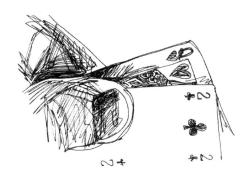

人生就像扑克牌局，好牌烂牌都能赢。当然，你更喜欢拿到好牌，更希望家人能健康，但这事情你没办法决定。你能控制的就是在既定的情况下做什么。一旦发牌，你别无选择，只能接受无法改变的事实；别再奢望获得一手好牌，而应尽你所能打好牌。

值得称赞的玩家，无论手中的牌如何，都会竭尽全力打好，并平静地接受任何结果。他们能做的就只有这些了——无论牌面如何，都全力以赴。游戏最后，往往不是摸到一手好牌的玩家获胜，而是在整个赛局里或者终其一生都在拼尽全力的玩家获胜。

摸到最好的牌，即使拥有健康的身体、获得财富名望等，也无法让卑鄙愚蠢的人获得幸福生活。摸到最差的牌，即使身患重病、饱受贫穷、声名狼藉等，也不会妨碍品德高尚的人获得幸福。在某种程度上，美德和良好的品格总是比健康、财富和名誉来得重要。没有什么外在事物比得上一个人的品格。外在事物受人青睐的程度可能不同，但最终他们都是无关紧要的。获取幸福生活的关键在于我们要如何生活。

据说早期的斯多葛主义者克里斯普斯（Chrysippus）说过，好人认为，家财散尽与丢失硬币无异，身染疾病与失足跌倒无异。塞涅卡也曾就类似问题侃侃而谈："生活之事，既非好，也非坏；而是好坏兼备。"我们在生活中面对各种情况，既可以做出明智之举，也可以做出愚蠢之事，我们的行为决定了事件的好坏，这一点很重要。虽然外在事物无关紧要，但我们如何处理它们却至关重要。我们如何对待无关紧要之事，决定了我们的生活幸福与否。

承担责任：从自身获得好处

好处必从自身获得。

——爱比克泰德

斯多葛幸福三角的最后一个角建立在另外两角的基础之上，具备前两角才存在第三角。第一个角，即第一个原则：遵循德性生活，或者表达最高自我，表达最高的善；第二个原则：外部环境对于获得幸福生活并不重要，因为外部环境不受我们控制。这意味着具备德性就足以让我们过上幸福生活，因为德性受我们控制，这使得我们对自己的幸福生活负责。

正如唐纳德·罗伯逊所说，这是"斯多葛主义最棘手、最具吸引力的地方"，因为这种责任剥夺了我们为自己开脱的权利。没有过上理想的心向往之的幸福顺遂的生活，我们不能找任何借口推卸责任。只有我们才能阻碍自己行德性之事，只有我们才能阻碍自己过上幸福生活。

遵循德性生活受我们控制

＋

不受我们控制的事与获取幸福生活无关

＝

遵循德性生活受我们控制 & 足以让我们过上幸福生活

我们要对自己的幸福生活负责。

让我们进一步揭开这个幸福三角的含义。我们的终极目标是获得幸福，即过上幸福顺遂的生活。为了达到这个终极目标，斯多葛学派定义了另一个目标：遵循德性生活或者顺应自然生活。人类的自然本性是在意愿与行为中运用理性。因此遵循德性生活的目的在于，在行事时运用理性，并且总是努力表达最高自我。

用现代术语来说，这是过程性目标。斯多葛学派并不关注未来的结果（幸福的生活），而是关注当下的过程（遵循德性生活），这个过程最终会带来我们期待的结果。胸怀抱负的斯多葛学派关注过程，因为我们能控制过程，所以我们最终对自己的幸福生活负责。虽然外部事物会阻碍结果的实现，但是过程和意愿完成于当下，一切我们无法控制的事情都阻碍不了。

正如塞涅卡所说："智者关注一切行为的目的，而非行为带来的结果；我们可以控制事物的开始，但结果取决于运气，我不会让运气评判我。"

斯多葛主义教导我们，幸福与否，自己要承担很大责任。它还教导我们，勇于承担幸福的责任将增加我们获得幸福的机会。相反，受害者心态，即把不幸归咎于外部环境，会使我们无法获得幸福生活。

我们必须拒绝让拿到的扑克牌决定我们是否幸福。斯多葛学派认为，外部事物与他人可能会影响你的生活方式，甚至你的生命，但没有能力毁掉你的生活。只有被无法控制的事情所左右，或者没有做到自己能力范围之内的事情，才有可能毁掉你的生活。

我们必须尽可能确保，幸福不是取决于外部环境的。已发生的事对于我们获得幸福影响不大。关注受自己控制的事，并努力在既定的情况下做到最好，才可能获得幸福生活。只追求力所能及的东西，因为正如我们先前所学，渴望力所不能及的东西是情绪痛苦的根源。

"追求不存在的东西，永远不会幸福。真正的幸福是获得一切可以得到的东西，就像饱食餐足后便不再感到饥渴饥饿。"爱比克泰德描述的正是我们今天所说的有条件的幸福，即把幸福与一些未来事件结合起来。考完试我会很幸福，得到那辆保时捷911新车，我会很幸福。如果能赚到六位数，我会很幸福。幸福就像地平线，你可以朝着地平线无限前进，但是永远无法靠近地平线。继续奢望自己没有的东西，还是把握机会抓住真实的幸福？两者只能选其一。真正的幸福是获得可以得到的一切。

"我无法控制外在事物，但可以控制意志。我应该去哪儿追寻好事？向内追寻，那是属于自己的东西。不属于自己的东西，没有好坏之分。"爱比克泰德提醒我们，要向内追寻好事。他经常提到这句俗语："好事必从自身获得。"我们必须在自己身上获取幸福，而不是通过外在事物；外在事情不受我们控制，因此它们没有好坏之分，它们是无关紧要之事。

自然赋予我们必要的工具，使我们无论面对什么苦难，都能创造幸福满意的生活。我们要想获得满足感，就必须改变自己，改变欲望。我们无法改变周围发生的事情，只能改变自己看待事情的方式，并选择从中获得什么。

无法改变外部事物。

改变你对事物的看法。

为什么不试着改变可以改变的事？

◇ **选择的自由**

马可提醒自己："身体由三样东西构成：躯体、呼吸和思想。前两项在很大程度上属于自己，必须要好好照顾，只有第三项完全属于自己。"是的，只有思想才真正属于你。在斯多葛主义看来，只有思想才受我们控制，其他东西不受我们控制或者只有部分受我们控制。

正如前文所说，行动是受人们控制的，但结果不是。爱比克泰德说，幸运的是，"最优质卓越的能力"，即人们运用理性的能力，也受人们控制，因此人们可以"正确运用事物的表象"。即使人们"只能"控制自己的思想，但这也赋予了人们充足的力量，去决定外部事物对人们的意义。因此，具备判断力是我们作为理性生物的核心，也是我们获取自由的源泉。

我们无法控制周围发生的事，但是有能力控制自己对这些事的看法。正如爱比克泰德所说："我们无法选择外部环境，但可以选择自己的反应。"我们必须认识到，外部事物是中性的，而我们选择的反应决定了它们的好坏。

成为外部环境的受害者，像巫毒娃娃一样受到左右；还是选择承担责任，应对外部环境，并确保不受其左右？做无助的受害者对你没有任何帮助。再者，承担责任赋予我们力量，使我们在既定情况下做到最好。

因此，每一个外部事物都有我们可控的空间范围，即我们对事件的回应。这个控制范围真实公平，它源于我们判断事物后做出的选择。能够选择意味着我们有选择权，有选择权意味着自由。维克多·弗兰克尔（Viktor Frankl）在他的《人对意义的追寻》（*A Mans Search for Meaning*）一书中说："人类的任何东西都可以被剥夺，但唯独一样不行。那就是人类最后的自由，即在任何既定情况下选择自己态度的能力。"

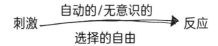

发生了一些事（刺激），我们做出回应（反应）。通常情况下，这是本能、无意识的反应，我们不会去思考。我们很容易在别人身上看到这种行为：发生了一些事，他们冲动反应。这种行为在孩子身上更明显。假设小男孩正在玩布朗雷雷龙玩具（brontosaur Bronty），但是你拿走他的玩具会发生什么？他很可能马上会哭泣，这是本能反应，他不会去思考。也许他难以置信地盯着你，然后开始大笑，这谁知道呢？但显然这个小男孩没有控制反应的能力。但你我作为成年人就不一样了。很有可能，在刺激与反应之间存在一小块区域，那里储存着力量，储存着自由选择的力量。

这块区域表明我们有机会介入刺激与反应之间，选择自己的本能（或非本能）反应。这只是一块潜在区域，如果我们意识不够，它就不存在，那样我们就会盲目采取原始反应。想要能够介入刺激和反应之间，必须具备意识、正念或者斯多葛学派所说的"警觉"。这块区域是变大、变小，还是根本不存在，取决于你的意识。

发生了一些事，比如你打碎了玻璃杯，踩到了狗屎，或者有陌生人向你竖中指，你在做出本能反应之前，可以先进入这块区域。一旦你进入这块区域，就可以思考自己的各种选择，然后选择最佳反应。大多数人会跟随默认反应行动，直到后来（或者根本没有）意识到反应不恰当。

踩到狗屎就会本能地做出一些反应，这似乎很合理。这件事可能不是很糟糕，但你被无法改变的外部事物所左右，让外部环境决定自己的感受。你感到愤怒、烦躁和恐慌，随之而来的是咒骂和忙乱的肢体动作。如果我们总是遵照自己的默认反应行事，就会一直受制于周围发生的事；踩到狗屎就会痛苦，踩到 10 美元钞票就会快乐。我们任由环境摆布。情况积极，对应的默认反应就积极，我们为之欢呼；情况消极，对应的默认反应就消极，我们为之悲伤。这就像再次把自己的巫毒娃娃扔到街上一样。

斯多葛学派认为，你可以介入发生的事情（踩到狗屎）和做出反应（愤怒、骂粗话）之间，也就是选择最具德性的反应，而不是做出默认反应。你想要进入这块区域并选择反应，就需要意识到并预测到以思想和（或）情绪形式出现的第一反应。一旦预测到第一反应，就可以进一步思考，质疑做出该反应是否合适。你可以把这种预想反应视为辩论之前的攻防假设，然后理性地审视它。

基本上，你会抵制第一反应的出现，避免做出鲁莽、冲动、本能的行为。这种做法非常强大，让你三思而后行，选择做出可能的最佳反应，那周围世界发生的事也就不再那么重要了。它是为你开启理想行为的钥匙，你可以选择明智、平静、宽容的行事方式——面带微笑，擦擦鞋上的灰尘，再继续生活。

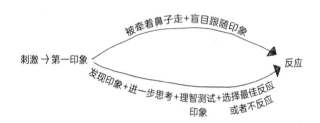

选择的自由，或者斯多葛学派称之为理性的选择，就是积极地选择自己的反应，而不是做出默认反应。本能反应可能是非德性行为，甚至会带来不好的情绪，如愤怒、恐惧。相反，我们在做出第一反应前，如果进一步思考，那就可以理性评估事件，想想其他可能的反应，然后选择做出最佳反应或者直接不反应（有时最好不反应）。如此，我们选择做出的反应便能与美德保持一致。

◇ **思想使我们富足，即便在流亡途中**

斯多葛学派面对逆境作何反应？我们前文谈到的四个哲学家中，有三位至少有过一次被放逐的经历。他们以典型的斯多葛式态度接受了流放的事实。塞涅卡说过："正是思想使我们富足，即便流亡也富足。"鲁弗斯被流放到最恶劣之地——伊亚罗斯岛（Gyaro）时说，流放剥夺了他身处祖国的权利，但并没有剥夺他忍受流放的能力。他甚至说，流放并不会剥夺人的任何价值，美德不会被剥夺。流放并不妨碍你成为勇敢公正的人。我们必须牢记，幸福取决于我们对事件的回应，而非取决于最初发生的事。无论发生了什么，我们都可以通过自身思想，选择做出德性行为，将其转变为好事。

显然，斯多葛学派主要的哲学家们很接近"思考斯多葛圣人"，他们即使遭遇流放也绝对自由，因为他们能够遵循理性的自然本性，即专注于能控制的事，其他就顺其自然，并以美德做出回应。遇到的每一个阻碍都变成实践智慧、勇气、正义和自律的机会。思考斯多葛圣人只想回应与理性以及最高自我和谐相处的事，没有什么能阻止他们这样做。他们只渴望自己控制范围之内的东西，因此即使惨遭流放或遭受牢狱之灾，依然是"自由的"。

当你无法改变现状时，斯多葛主义强烈建议你去改变自己。即便你不能改变现状，也有能力改变自己的态度，用美德做出回应。无论你身处何处，在监狱里还是在宫殿里，无论你面临何种挑战，是踩到狗屎还是捡到 10 美元，你总有选择的权利。你只需要预测自己的第一反应，避免情绪失常，然后进一步思考评估形势，做出最明智的反应。外部事物并不重要，重要的是你选择如何做出回应。

我们必须认识到：自己能够选择如何去回应已发生的一切。维克多·弗兰克（Viktor Frankl），这位提出"选择自由"的传奇人物，经历了我们能想象到的最残酷的事。他家破人亡，在二战纳粹集中营的恐怖氛围中勉强存活下来。尽管面对这些恐怖，他依然能够选择自己面对生活的态度，他选择不屈服于那些可怕的经历。当然，我们在生活中都经历过许多糟糕的事，但是大多数人绝对没有过家破人亡、被关进集中营的残酷经历。问题在于，弗兰克尔置身于不堪言状的恐怖之中，依然能够选择自己的反应，那我们是否也可以选择自己的反应？说到维克多·弗兰克尔，如果你还没有读过他的著作《人对意义的追寻》，一定要去看一看。

注意：虽然斯多葛派哲学家说我们可以介入刺激和反应之间，但是他们也承认，人们无法控制一些本能反应，如脸红、出汗、紧张、流泪、惊吓等条件反射式情绪反应。人们没有权利选择这些迅速发生的身体反应，只能去接受。突如其来的噪声会让你大吃一惊，对此你并没有选择权。但是，如果我们的意念足够强大，就能避免被它冲昏头脑。即使你无法控制这些瞬时的反射性反应，也有能力控制接下来发生的事：是顺从反应还是进一步思考，评估情况，选择做出与你价值观一致的反应？

◇ **深受困扰或刀枪不入，取决于你**

"人类不是受困于已发生之事，而是受困于对已发生之事的评价。"爱比克泰德的言论对我们刚刚所学的内容做出了重要总结。外部事物不受我们控制，但我们能选择这些事情对我们的意义；重要的是我们的选择，而不是事物本身。外部事物基本上没有任何意义，是我们的理解和判断赋予了它们意义,使它们具有好坏之分。

顺便说一句,只要冲动回应就是盲目地对待事物,这一点人们很难意识到,因为他们认为,显然是事物导致他们不开心。只要他们在做出本能反应前进一步思考,就会发现只是他们对情况的判断让自己心烦意乱。

第一个经验是:永远不要因为自己的负面情绪去责怪他人或外部事物,让我们负起责任。斯多葛学派认为,显然是我们对事物的看法而非事物本身让我们心烦意乱。我们相信自己的这些看法就会感到痛苦、不快乐。这些观点带来的印象,就像思想一样进入我们的大脑,我们将其视为真理。"我流放在外,真是糟糕。"情况本身(流放)可能还会带来身体的疼痛,但终究是当事人对情况做出的悲观判断(这很可怕)会带来麻烦。以思想、观点和解读形式表现出来的判断会导致我们不快乐。好坏只存在于我们的判断和行为中,外部事物不分好坏。

心烦意乱是因为我们认为事物没有达到期望或认为事物很糟糕,这经常表现为抱怨。例如,我们通过判断事件可怕,赋予事物价值,忘记了事物本身并无好坏之分;事物是中性的,不带有任何意义。我们通过评判事物、憎恨事物,希望事物有所不同,来赋予它意义,这会导致痛苦情绪。如果让事物回归本身,如果不去判断事物好坏,而是接受它的本来面目(中立,无关紧要的),那就不会心烦意乱。爱比克泰德说:不在意自己无法掌控的东西就不会受苦。

"我真是笨手笨脚。"VS"玻璃杯碎了。"

"这是我人生中最糟糕的一天！"VS"我的鞋底有狗屎，臭死了。"

"啊，真是一个浑蛋！我讨厌这个家伙。"VS"他向我竖中指。"

这些事件本身没有任何意义，是我们的判断赋予了它们好坏。我喜欢埃利·古尔丁①（Ellie Goulding）在她的歌曲《第一次》（*First Time*）中唱的那样："中指是和平的标志。"当你在想"哼，真是一个浑蛋"时，可以轻松转变为微笑，并想"啊，真是一个甜心"。同一件事可以用很多不同的方式解读，这会带来截然相反的感受。

注意，我知道你并不愚蠢，也很清楚对方想告诉你什么。问题在于，他想告诉你什么并不重要，重要的是你的反应。所以即使似乎（或者很明显）有人想羞辱你，但实际是你的判断激怒了自己。你不会受到伤害，除非你愿意，因为别人无法进入你的思想。马可说："否则，邻居邪恶，我就会受到伤害，让别人决定我的不幸，这并不是上帝的意愿。"只有你才能影响自己的思想，只有你才能毁掉自己的生活，你自己需要承担责任。

别人不会使你受挫，狗屎也不会令你沮丧，这些都是外部事物，无法影响你的思想。你感受到的这些情绪尽管很真实，但它们并非产生于外部事物，而是源于自我内心。因为你产生了这些情绪，所以才会感到痛苦。打碎玻璃杯就是打碎玻璃杯，而你的判断（我真是笨手笨脚）让你觉得自己没用。不要责怪事物本身，问题来自做

---

① 埃利·古尔丁，原名 Ellie Goulding，英国女歌手、演员。

出反应的自己，即自己的感受。产生情绪的原因在于你的判断。马可说："消除判断，也就消除了伤害。"不去评价事件，你就不会受到伤害。你的反应从根本上决定你是否受到伤害。打碎了玻璃杯后有两个选择：选择受伤或者不受伤。

"我真是笨手笨脚" + 开始哭泣并感到痛苦 = 强烈反应，受伤

"哎呀" + 收拾干净，继续生活 = 没有反应，没有受伤

　　这会赋予你很多力量，因为这意味着你不会因为任何无法控制的外部事物而沮丧。只有你的判断力才能伤害自己。无论你在生活中遇到什么无法控制的挑战，你都能决定它们对你的意义。只有自己才有选择最佳反应的自由。你的反应会让你高兴或受伤。

　　因此爱比克泰德建议，时刻记住两条规则：（1）事物没有好坏之分，除非我们选择赋予它好坏；（2）我们不应该试图引导事物，而应该遵循事物。抵抗是徒劳的，接受发生的一切，充分利用受控的事。

第四章

恶人：消极情绪碍事

　　一旦我们被"愤怒"冲昏头脑，就很难回到健康状态。一旦激情攻占大脑，理智就失去意义……必须击退敌人，并将其赶回边境外：一旦它进入城池，越过城门，就不允许手下败将阻碍它获胜。

——塞涅卡

　　幸福似乎确实可以通过行为获得，对吧？斯多葛学派认为，幸福只取决于我们应对事件以及看待事件的方式。我们的行为遵循美德就足够（但也是必要的）让我们过上幸福顺遂的生活。所以发生了什么，我们为什么无法立刻获取幸福？

　　生活充满艰难险阻。现实呈现在我们眼前，让我们大吃一惊，我们似乎无法抵抗现实。现实引发恐惧、不安全感、愤怒和悲伤，使我们想逃离并躲藏。事情比我们想象得还要艰难，它们让人始料不及。我们不得不努力想出有效之策，去应对这些事。但是等等！

斯多葛主义教导我们，外部事物并不重要，我们必须从自身获得好处。似乎是生活在阻碍我们，但实际上是我们的负面情绪在妨碍我们。这些强烈的情绪征服了我们的思想，也征服了我们整个人，让我们无法清晰地思考，并促使我们做出与正确之事背道而驰的事情。

我们的大脑被负面情绪控制，或者被斯多葛学派所说的非理性的恐惧、悲伤、愤怒或贪婪等控制，使得我们不假思索地冲动行事。正如塞涅卡在本章开头所说，一旦敌人攻占了思想，理性就消失了。理性和激情，二者只能存其一。激情是主驾驶时，理性就被捆绑塞进后备厢了。

产生悲伤、恐惧、嫉妒或强烈的渴望等刺激性情绪时，我们就会感到糟糕。所以情绪占据主导地位，内心感觉糟糕时，我们会下意识选择让自己感觉更好，我们出于本能会寻求减轻情感痛苦的方式。负面情绪使我们罔顾价值观和长期的目标，去做那些让自身感觉更好，能减轻当下痛苦的事。最终我们抛弃了坚守的价值观，像懦夫一样退场，做出以下事情：大口吃着比萨和提拉米苏，沉迷于漫威电影，砸门、砸眼镜，对朋友和孩子大喊大叫，买不需要的高跟鞋……

负面情绪有无数种表现。强烈的愤怒，会完全吞噬我们，使我们视野顿时狭窄，鲁莽行事。极度的悲伤，会让我们更加失落，自怜自艾，萎靡不振，什么事都不想干。还有非常轻微的负面情绪，比如"就是觉得不喜欢"等，会导致我们该做的事不做。（听说过拖延症吗？）

举一个例子，我十几岁时有一个朋友被学校同学打了，当时我和其他孩子都冷眼看着。我知道帮助朋友才正确，但是内心的某些情感在阻碍我。我很害怕，不想上前帮忙，这种恐惧的情感占了上风。再举一个例子，每次我在酒吧看到一些漂亮女孩，都想和她们打招呼，但又不喜欢这样搭讪，我感到怯懦。我在很多时候，都让害怕、怯懦等情绪占上风。当然，我会给自己找一些合适的借口：她不是那么漂亮；我现在没兴致；我去酒吧是为了和朋友欢聚等。

哪种情绪在阻碍你并不重要。对我来说，显然很多时候都是恐惧（我正在努力克服）在妨碍我。对你来说，可能是愤怒、贪婪、怨恨或骄傲在影响你。问题不是存在这些情绪，而是情绪战胜了我们，使我们最终做出与目标截然相反的事。正如先前所学，我们的理性行为是幸福的来源，因此一旦强烈的情绪支配我们的行为，我们就无法过上幸福生活。斯多葛学派认为，这种激情不仅不利于我们过上幸福生活，还会给很多人带来痛苦。大多数人都被这些情绪奴役着，常常按照情绪行事而不是遵循价值观行事。

因此斯多葛学派希望我们克服这些非理性的恐惧和欲望，那样就能遵循美德行事，获得真正的幸福。而且这些情绪常常违背我们理性的自然本性，因为它们忽略了何为真正的善。我不敢和一些女孩打招呼，这种恐惧和不作为就完全违背了美德——害怕不存在危险的东西是不明智、不理智的行为，这是缺乏自信去战胜内心的抵触情绪的懦弱表现。我们想要实践斯多葛主义，克服这些负面情绪是必须要做的。因此斯多葛哲学的关键内容是：控制负面情绪，并有效处理负面情绪，以免出现负面情绪时不知所措。

那处理负面情绪的秘诀是什么？其实没什么秘诀。（对不起！）但是，有一些具体的训练可以帮助你做好准备，以应对挑战。（本书的第二部分介绍了这些训练。）

注意：人类大脑的存在是为了生存，不是为了繁荣。我们祖先的主要目标是生存繁衍。那时食物匮乏，水资源匮乏，到处充满危险，他们一直在防备危险动物，防范敌对部落。因此，我们的大脑产生了消极偏见：突然遭遇狼的攻击会死亡，但是错过获取食物，还有其他机会。因此，关注消极方面比关注积极方面所占比重更大。

直到今天，我们的大脑仍然这样——不断防备四周发生的事是否会带来危险。因为进化原因，我们关注阻碍远胜过关注机会。为健康、财富和社会地位担忧是我们的自然本性，而这些似乎是我们生存的必需之物。因此，我们出于本能会与别人做比较，关注潜在危险，追逐更多的东西。

如果你认为自己总是很消极，不要担心，这种情况很正常。这只是我们大脑与生俱来的消极偏见。但是在现代世界里，消极偏见很容易适得其反，毕竟我们现在很安全，食物充足，在很大程度上并没有生存问题。你晚上不会受到攻击，也没有敌对部落会烧毁你的房子。问题在于，这些负面情绪会阻碍我们。我们必须尽量减少负面情绪，以及负面情绪给我们生活带来的影响。现在我们了解一下自己被负面情绪击败的两点主要原因。

追求无法掌控之物

"激情的产生不外乎是因为无法达成个人欲望。"爱比克泰德指出，我们得不到想要的东西，就会产生负面情绪。这种失望感"是伤心、悲痛和嫉妒的源泉，使我们愤怒、失去理智"。

基本上，消极情绪的产生是因为我们渴望和恐惧自己无法控制的东西。我们把一些无关紧要的外部事物看作好事或坏事，会产生错误的价值判断。例如，错误地认为物质是好事或值得拥有，就会使我们渴望财富、追逐声色犬马。这种强烈的渴望是一种负面情绪，一旦它主导人生方向盘，就会驱使我们无视德性，肆意妄为，听不到理性的声音。记住，此时理性被五花大绑，塞进了后备厢。

我们错误地认为下雨、讨厌的人、贫穷等无关紧要的外部事物很糟糕甚至异常糟糕。这种错误判断会引发愤怒或恐惧。所以，对事物的错误判断会导致负面情绪的产生，而这些情绪再一次阻碍我们获得幸福生活，因为它们使我们冲动行事，失去理性。

唐纳德·罗伯逊在他的著作《斯多葛主义和幸福的艺术》（*Stoicism and the Art of Happiness*）一书中说得好："大多数普通人缺乏成就感，内心无法平静，因为他们价值观混乱，内心矛盾。我们浪费生命去追逐由享乐主义、物质主义和自我主义共同搭建起来的幸福幻象，从四周愚蠢的世界里汲取疯狂、自我挫败的价值观。"

我们渴望并害怕不受自己控制的外部事物，我们天真地认为健康、财富、名誉等无关紧要之事对于获取幸福生活有利，甚至是必不可少的。我们还认为疾病、贫穷、嘲笑是坏事，它们会阻碍幸福生活。这些对外部事物的渴望和恐惧就像闪亮的警示牌在告诫我们："你忘记了根本！回归本心，坚持核心信仰。"换句话说，我们还没有重新审视斯多葛学派的基本原则：美德是唯一真正的善；不受我们控制的东西最终是无关紧要的；我们对获取幸福生活负有全部责任。只要我们觉得发生的事有好坏之分；只要我们认为踩到狗屎，一天倒霉，获得奖金，一天快乐；只要我们害怕得不到想要的东西，并因为没有获得而失落——错误判断何为真正的好事和坏事，最终便会成为情绪的傀儡。

爱比克泰德说："追求不受自己掌控之物，追逐不属于自己之物，你属实愚蠢。"如果我们能细心分辨事情是否受我们控制，并关注受控之事，其他就顺其自然，那就不会因为判断失误而被消极情绪所左右了。但是即使我们能够做到，还会有其他东西经常阻碍我们：无意识状态。我们往往对情况缺乏足够的意识，忘记关注自己能控制的事；相反，我们被第一印象冲昏头脑，之后才意识到对事件做出了错误的判断。缺乏自我感知是导致产生负面情绪，并让负面情绪控制我们的第二个原因。

缺乏自我感知，被第一印象冲昏头脑

你还记得吗？斯多葛学派希望我们高度重视自己的每一个行为。就像我们注意不要踩到碎玻璃碴儿一样。那猜猜看，我们遇到挑战性情况时，缺乏足够的自我感知会发生什么？我们被第一印象冲昏头脑，却没有能力加以审查。这些第一印象就像某种行为倾向，如果我们足够清醒，就可以预测到它并选择最佳反应，由此产生的行为当然与第一印象不同。

举一个我上卫生间的例子。我暂停写作去卫生间，这时冲水箱上的一包新厕纸引起了我的注意。这是我昨天去杂货店购买的，必须要买的。我看到厕纸，脑海里立刻闪过"对，你这厕纸买得好。尼尔斯（和我住在一起的兄弟）甚至都没有注意到要买厕纸，也没有对我购买厕纸表示感激"等想法。我开始有点儿小生气并感到不爽，但我很快理清事情原委："嗯，他确实说谢谢我买了那些杂货。他还做了许多家务事。"幸运的是，我充分意识到这种惯性思维模式并成功介入进来。我把这种思维模式叫作典型的"自我—需要—认

知"思想战。

到底发生了什么？新买的厕纸引发本能的第一印象，倾向于导致愤怒的情绪。谢天谢地，我充分意识到自己的状况，识别情绪，并立刻终止情绪。如果情况更复杂，更具挑战性，那我就要运用理性，或者动用冷漠复杂的逻辑分析，客观地看待情况。我会对自己说，做正确的事即可，做正确的事本身就是一种奖励，这并不需要别人的认可。如果我没有意识到这种非理性印象，就会变得愤怒沮丧，然后进入我兄弟的房间，扇他一巴掌。或者，更有可能，我被这种负面印象支配着，沉浸在愤怒的想法中，很不理性地对我兄弟生闷气。

因此缺乏自我感知很危险，那样就无法观察并识别第一印象，以至于盲目地跟随它。爱比克泰德说："一旦思想松懈，我们就无法召回礼节、谦逊或节制，因为行为会顺从你的思想意志。"这正是我们先前所学，一旦激情占据主导地位，我们就只能乖乖服从，这就像狗闻到香肠一样。理智喊破了喉咙，我们也听不到声音，因为我们完全被香肠般美味的激情所吸引。

注意，有人可能会争论，负面情绪占据主导地位不是因为缺乏自我感知，而是因为错误的判断，甚至在刚才的事例里也是如此。我产生愤怒的情绪是因为自己的非理性判断，我觉得兄弟忘恩负义。但是，很多错误的判断正是因为我们一开始就缺少足够的自我感知。我们没有注意脚下，最终踩到了狗屎。比如一次，我妈妈意识到自己喝了太少咖啡，最后在想："谁喝了我的咖啡？"当然，她可能过于看重咖啡，（这可能吗？）但是产生这个错误的判断，原因在于，大多数情况下她在喝咖啡时并没有注意自己喝了多少。（对不起妈妈，有时候我会喝一两口你的咖啡。）

具备自我感知可以减少我们被负面情绪支配的时间，这一点很重要，因为被负面情绪控制，正是阻碍我们正确行事并获得幸福生活的原因。记住，斯多葛学派认为，好事只存在于我们自愿的行为中，只有我们每时每刻都具备自觉，我们的行为才属于自愿。用爱比克泰德的话来说，如果人缺乏这种自觉，就会受到支配，行为就会变得可耻而灵魔。只有每时每刻都具备自觉，才能正确、平静地面对外部事物的挑战，同时培养智慧、正义和自律的品质。有了这种意识，我们可以试着遵循爱比克泰德的建议，在日常生活中忍受并放弃一些东西：

1. 我们应该凭借勇气与毅力忍受自己非理性的恐惧和厌恶。

2. 我们应该秉承谨慎和自律的品质，放弃不合理的奢望。

在凭借勇气和毅力忍受非理性的恐惧和渴望之前，我们绝对需要意识到这些情绪，或凭借谨慎和自律避免其出现。然而，仅仅具备自觉还不够。不是每个人都能直视恐惧并勇敢行事。我就经常做不到，即使我清醒地认识到自己的恐惧，知道恐惧是非理性的，知道勇敢行事才是明智之举，但恐惧还是常常击败我的勇气。另一个例子是非理性欲望与自律之战。工作了一整天，我还在坚持完成任务，我知道自己有浏览一些新闻的欲望。我很清楚，这是享乐的欲望与疲惫的意志力之战，大多数时候意志力会获胜，但有时候我会向欲望屈服。

仅靠意识可能不足以让我们总能遵照自己的价值观行事，但它肯定能为你赢得时间，赢得延迟。因此你要认清情况，至少努力做出理性的决定，这会让你更容易控制自己，理智地行事，朝着幸福顺遂的生活前进。再者，具备自我感知能力可防止你被非理性情绪冲昏头脑，频繁地做蠢事（和踩狗屎）。

一步一个脚印，朝前迈步而去。

第二部分

55 条斯多葛训练

让哲学去除你的缺点，
而非抱怨别人的缺点。

——塞涅卡

第五章

斯多葛主义践行法

我们在讲堂上能说会道，就提到的任何微小的行为问题都能富有条理地侃侃而谈；但一旦接受实践的考验，就会发现我们一败涂地。

——爱比克泰德

恭喜！你通过了理论学习，是时候下水实践了。

不过要小心了，我们在课堂上侃侃而谈，并不意味着我们为现实世界做好了准备。了解理论与学以致用是两个完全不同的概念。你要去实践了。

或者正如爱比克泰德所说，我们可能会一败涂地，因此我们必须要实践。爱比克泰德说，木匠学习雕刻理论，然后成为木匠；舵手学习航海知识，然后成为舵手。显而易见，要想成为优秀的人，学习知识是必要的基础。

爱比克泰德说："向前一步，利用你所学的知识。我们并不需要学习更多的逻辑理论，斯多葛文本里都是理论。我们现在所需的是，将所学的斯多葛哲学应用于生活实践。请你成为那位实践之人。我厌烦了援引旧例进行教学，希望列举当代的实例。"

让我们以身作则，不再满足于单纯的理论学习，而是去实践，实践，实践！爱比克泰德说，随着时间的流逝，我们会遗忘所学的知识，最终反其道而行，秉承着相反的观点。

很抱歉告诉你真相，但你不是超人。你不可能听过一次斯多葛学派的原则，就期望在生活里依赖它们。你必须像职业运动员一样，每天早出晚归，比别人更勤奋地去场地训练。一分耕耘一分收获。

记住，哲学的本质在于如何生活。正如前文所说，爱比克泰德把哲学家比作工匠，木头是木匠的原材料，青铜是石匠的原材料，我们的生活就是生活艺术的原材料。

我们生活里的每一件事都像是大理石坯。我们在石坯上面练习，学习使用凿子和木槌，直到掌握了雕刻技术。记住，我们要成为战士哲学家，把所学东西付诸实践。

这就是第二部分的内容。你将了解 55 种斯多葛哲学训练和实用建议，每一个技巧都可以单独使用。为了简单起见，我们将训练分为三种。第一种是可以独自实施的准备式训练：这不需要生活情境，在家里就可以练习；第二种是挑战性的生活情境训练：如何在艰难时刻调整自己；第三种是社交训练：如何与难缠的人打交道。

请记住，训练效果因人而异。把它们视作建议，而非死板的规则。努力去训练，如果建议有效，就继续应用，无效就忽略，不要想太多。

勇敢挑战

要是世上没有狮子、九头蛇、牡鹿或者野猪，也没有野蛮罪犯去毁灭世界，你认为赫拉克勒斯会变成什么样子？如果没有这些挑战，他会做什么？

——爱比克泰德

如果传说中的大力神赫拉克勒斯没有遇到任何挑战，他会变成什么样子？

爱比克泰德说："很明显，他会在床上翻身，然后继续睡大觉。如果他在奢华舒适的生活里打鼾睡觉，就永远无法成长为大力神赫拉克勒斯。"

你崇拜的人没有经历任何风雨，他会变成什么样子？你的妈妈？你看重的那个同事？罗杰·费德勒①（Roger Federer）或者其他超级明星？

① 罗杰·费德勒，原名 Roger Federer，1981 年 8 月 8 日出生于瑞士巴塞尔，是瑞士男子职业网球运动员，以全面稳定的技术、华丽积极的球风、绅士优雅的形象而著称。众多评论家、现役与退役的选手认为费德勒是史上最伟大的球员之一。

有一件事是肯定的，如果没有生活中的这些风雨，他们不会成为今天的自己。困难坎坷至关重要，这是我们来到人世的目的。塞涅卡说："上帝不会宠溺优秀之人，上帝会考验磨砺他，使其担当大任。"

你在生活中经历的所有磨难都是考验，这些都只是对你的训练。生活不应该简单安逸，而应具有挑战性，如此方能真正成长。塞涅卡说："那些令我们颤抖之事，皆是成长所需。"

无论何时发现自己陷入困境，提醒自己，赫拉克勒斯变强大正是因为他面对的挑战。

有时生活会很艰难，但振作起来，昂首挺胸，你会做得很好。

现在，让我们了解三个细节问题，它们将帮助你充分利用后面的训练。

具备正念

遵循斯多葛主义并不容易，我们需要铭记并遵守很多原则。

至关重要的前提是意识到将要发生什么。斯多葛哲学的主要内容是如何应对周围世界发生的一切。发生的事情并不重要，因为它超出了我们的控制范围，重要的是我们要如何应对。

为了有效应对发生的一切并留意自己的反应，我们需要意识到自己的第一反应是什么。我们需要介入刺激和反应之间，需要不被冲动所左右，进一步思考并客观看待问题。

　　斯多葛主义要求我们不对发生的事做出冲动的反应。它要求我们发现第一印象，如此才能意识到自己有能力选择如何反应。一旦预见到自己的本能印象，就可以主动选择是否要遵循印象行事。

　　注意，具备自我感知是做出任何重大改变的第一步。如果你没有意识到生活将出现什么问题，那如何会解决它？如果你都没有意识到自己生气了，如何在未来避免生气？塞涅卡说过："意识到自己的错误是救赎的第一步，你必须先发现自己在做这件事，然后才能纠正它。"

　　斯多葛主义要求我们时刻意识到自己在做什么。美德就是每时每刻表达最高自我，这是基于我们活在当下的能力，知道将要发生什么。

　　根据斯多葛哲学的定义，自愿的思想和行为是我们唯一能控制的东西。而它们只存在于当时当下。如果我们陷入深思，沉湎于过去或未来，就无法自由选择行为。

　　因此，我们应该关注当下，不要因为过去或未来分心，那样就可以正确面对现在的挑战，努力接受现实，选择做出与价值观一致的回应。

　　我们应该清楚自己脚下的每一步。正如前文所说，我们应该像鹰一样，像我们赤脚走在玻璃上一样，关注脚下，有效实践斯多葛主义，需要认真持续的自我观察。

　　如果你认为自己不是事事留心的人，不要担心。你仍然可以进行以下大部分训练。此外，许多训练确实可以提高你的正念。培养正念是斯多葛主义的内容之一。你会更好地避免冲动，进一步思考冲动的念头，质疑其正确性，然后做出最明智的回应。

提高自律

实践斯多葛主义不像看电视般轻松愉快，需要付出努力。你必须有所行动。

实践斯多葛哲学的大多数训练要求你能保持自律。有些训练具有挑战性，不是特别有趣，而且还会消耗你的意志力，但这是斯多葛主义的一部分。和生活中的其他事情很相似，想要飞镖投得准，就必须进行投掷训练，想要提高抓举实力，就必须加强举重训练。

实践斯多葛主义也一样，需要你付出努力且保持自律，同时它会增强你的韧性并提高你的自律性，让你变得更加强大。举重会让你的肌肉更强壮，实践斯多葛原则会让你的意志更坚强。

是的，实践斯多葛哲学要求很高，但是如果你想提升自己，就要付出代价。这些训练会让你情绪更稳定，内心更安宁，行事更勇敢，为人更自律。

此外，你必须记住，不去学习人生哲学，不去实践人生哲学，也是要付出代价的。作家威廉·欧文（William Irvine）直截了当地解释道："你将浪费时间追求毫无价值之物，你在浪费生命。"

是否浪费生命取决于我们的选择。我们愿意投资就能收获好处，不愿意投资，就有浪费生命的风险。

注意，实践斯多葛哲学的潜在回报远远高于付出。如果你问我有何意见，这项投资无须犹豫，可以直接入手。实践斯多葛哲学得到的多，付出的少，你只需付出一点努力即可。投资斯多葛哲学可以得到什么，欧文是这样描述的："斯多葛学派可以将他们培养成勇敢不凡且极度自律的优秀个体，能够勇于做别人害怕之事，并抵抗别人无法抵抗之事。"

你只要愿意付出些许努力，就能成为这样优秀的个体。即使你不想训练，也要坚持去做。不要只阅读斯多葛哲学，不要只点头称道，而不付诸实践，那不会有任何效果，你的生活不会有起色。

记住，自律就像肌肉一样，越频繁训练，就越强壮。因此，每次你决定克服障碍开始练习，就是在训练自己的自律和意志力。

今天你训练了，明天坚持训练的可能性就更大。今天你不训练，明天训练的可能性就会变小。

避免自称哲学家

就如爱比克泰德所说，你会因为实践斯多葛主义遭到嘲笑："如果你渴望哲学，从一开始就做好遭受嘲讽的准备，并预料到很多人会嘲笑你。"

我不知道这句话放在今日是否还奏效。对于实践斯多葛主义这件事，我很少去主动谈论，所以没有遭遇嘲笑的经历。不管怎样，你努力提高自己却遭到朋友的嘲笑，那我想你可能需要重新思考一下这段友谊了。

爱比克泰德继续说："记住，如果你一直遵循同样的原则，那些原先嘲笑你的人，日后将会崇拜你。"

所以，即便遭受嘲笑，即便别人让你艰难度日，让你很难坚持提升自我，你也要知道，只要能保持强大，那些人就会钦佩你。

爱比克泰德也提出了最简单的技巧，确保你不受到嘲笑："在任何情况下，都不要称自己为哲学家。在大多数情况下，不要和门外汉谈哲学原理，按原理行事即可。"

不要说自己信奉斯多葛主义，只要遵循斯多葛主义即可。有人看到你的提高，想知道你经历了什么，还是可以告知他们学习斯多葛哲学的真相。以下是威廉·欧文在他的著作《美好生活指南》（*A Guide to the Good Life*）中分享的首条建议："那些想要尝试学习斯多葛哲学的人，我给出的第一条建议就是隐秘实践斯多葛主义：最好不要透露你是斯多葛学派的追随者。暗中实践斯多葛主义，既可以获得好处，也可以避免重大代价的发生，还可以避免直面亲朋好友和邻居同事的嘲讽。"

展现而非告知你所学的知识。深入学习吧。

第六章

准备式训练

就当自己死了，你这辈子已经结束了。现在过好剩下的日子。

——马可·奥勒留

　　斯多葛主义要求颇高，希望你在任何时候都能表达最高自我，希望你能关注受自己控制的事，并平静地接受其他事情；希望你能意识到自己的能力，以有益的方式感知事物；希望你为自己的幸福生活负责。

　　下面的 21 条热身训练将帮助你做好准备，迎接生活的挑战。

　　以下所有训练都不需要特定的生活情境，你可以在任何时间、任何地点进行训练。你没有任何借口不去训练。它们只需要花费你几分钟的时间，只需要你具有一些自律意识。

你会发现不同类型的训练：

可采取的心态

可视化训练

写作训练

写日记训练

户外训练

开始！

▶ 训练 1

斯多葛接受艺术：接受并热爱发生的一切

哦，世界，我与你弹奏的伟大和谐乐歌音调一致。适合之物，不分早晚。哦，大自然，你的四季之景都是我的果实。

——马可·奥勒留

接受发生的每一件小事，而不是与之抗争。我们在第三章学习了斯多葛学派的接受原则。如果我们抗拒现实，如果认为事物与我们作对，如果我们与之抗争，就可能会遭受磨难。因此，我们不应该奢望现实会有所不同，而应该接受现实。

"如果这是自然的意愿，那就顺其自然吧。"这是斯多葛派信奉的格言。今天流传着一句类似的谚语："完成祢（上帝）的意志。"无论我们称其为上帝、大自然、运气还是命运，都无关紧要，但我们必须承认，有些东西凌驾于我们之上，我们无法控制周围发生的一切。

接受的艺术在于愿意接受外部事物，甚至接受大多数人认为的"坏"事。爱比克泰德说，哲学家应该接受发生的一切，那就不会事与愿违。让你的意愿与既成之事保持一致。正如塞涅卡所说："命运引领自愿跟随之人，拖曳顽强顽抗之人。"

还记得把狗拴在马车上的比喻吗？那条狗既可以选择享受旅程，跟着马车平稳地奔跑，也可以固执地抵制前进，被拖曳前进。反抗已发生的事，就会像那条狗一样被拖曳着，这就是痛苦。

更明智的做法是接受现实，专注于我们控制的事。正如前文所说，值得称赞的扑克玩家，无论摸到什么牌，都能发挥出最佳水平。游戏结束后，不是摸到一手好牌的玩家获胜，而是打得最好的玩家获胜。

你无法选择自己摸到什么牌，只能选择如何去玩。扑克牌的牌面和生活里发生的事情一样，都是无关紧要之事，我们要学会平等地接受，不要去评判。如果能做到这一点，如果能接受而不是抗拒发生的一切，那你将不再依赖于外界。

了解一个让人印象深刻的例子。

67 岁的托马斯·爱迪生在实验室又度过了一天。他回家吃完晚饭后，有一个男人到他家，告知他一个紧急消息：研究所发生了火灾。

消防车无法阻止火势的蔓延，在化学物质的助燃下，空中高高升起了黄绿色火焰，威胁着要摧毁爱迪生倾注毕生心血建立起的整个实验室王国。

爱迪生到达火灾现场后立即对儿子说："叫一下你母亲和她所有的朋友，他们再也见不到如此大火了。"

这是什么反应？他失去了倾注一生为之奋斗的东西，但他没有悲伤生气，而是接受了事实，在当前状况下尽力补救。第二天，他开始重建被大火烧毁之物。这就是打好人生的扑克牌！这就是不反抗现实。

另外，这个例子表明斯多葛学派的接受与被动顺从完全不同。第二天，爱迪生开始重建一切。他接受了生活给他的命运，并尽力做到最好。这就是斯多葛学派对我们的建议：让你的意志与命运和谐相处，并专注于你能控制的东西。

马可有一个使思想与现实和谐相处的诀窍。马可把发生的事比作医生开的处方。医生让你吃药，你就得吃药。我们应该完全接受外部事物，因为它们就像治疗疾病的药物。

发生的一切都是天意，是为了让我们成为更加优秀的人。这些事情对我们有利并非有害，即便表面上看起来并非如此。

大自然极其复杂，我们无法判断发生的事是好是坏，你永远不知道不幸会带来什么，幸运又会带来什么。因此，我试着接受一切，就像那是我的选择。如此，我从爱发牢骚的受害者变成了担负责任的创造者。中国的古老成语"塞翁失马，焉知非福"，正是说明了这一点。

▶ 训练 2

设有保留条款的行为

如果一切顺利，我将横渡大洋。

——塞涅卡

保留条款是斯多葛学派保持平静的技巧，它会帮助你接受行为带来的结果。所以当你计划做事时，可以附上一句声明："如果一切顺利。"

塞涅卡将保留条款定义为："只要没有阻碍，我想做一些事。"如果命运允许，我会去做。我会竭尽全力做，但最终结果不受我控制。我无法确保它按计划进行，但我会尽力而为。

如果一切顺利，我将横渡大洋。

如果一切顺利，本周周一和周四我会去锻炼。

如果一切顺利，我会击中目标。

我们应怀着以下态度开始做事：结果不受你控制，事情可能无法按照计划进行，你愿意平静地接受事实。相反，很多人认为事情一定会顺利进行，如果不符合预期，就会抗拒现实，永远痛苦。

作为斯多葛主义者，做任何事都设有保留条款，并预见可能会发生干预并阻止我们获得期望的结果的事情。我们不会预先承诺自己成功，因此我们更容易接受失败，也更容易重新振作起来。此外，我们不会过分依赖结果，所以我们能获得自信。

怀着洒脱的心态面对结果，就能保持内心平静，不会因为没有实现预期的结果而感到沮丧。

保留条款包含两点：

1. 竭尽全力去争取成功。

2. 知道并接受事实：结果不受你直接控制。

这是保持自信的万无一失的方法：（1）竭尽全力去争取成功；（2）知道自己无法控制结果；（3）准备怀着相同的心态看待成功与失败；（4）继续每时每刻遵循德性生活。

关注你能控制的事情，其他就顺其自然。关注过程，即关注努力、关注训练、关注准备过程，并平静地接受结果，保留条款恰恰有助于达成这一点。如果我们在射箭时心怀这项告诫，就会意识到结果并不取决于自己，我们只负责射击，把箭射好，但能否击中目标，就要看命运的安排。

总而言之，无论你是否希望得到好结果，无论你是否竭尽全力，有时事情的发展就是不会如你所愿。期待是期待，命运是命运，不要混为一谈。

▶ 训练 3

道路之阻铺就大道

行动之阻推动行动，道路之阻铺就大道。

——马可·奥勒留

"毫无疑问，这是有史以来战胜艰难坎坷最为有效的准则。"这是瑞安·霍利迪对马可的这段准则发表的看法，"这是万能的幸福准则，不仅仅适用于发生状况之时"。

瑞安·霍利迪基于该准则写了一本书——《阻碍就是出路》。该书的主要观点是，我们将生活中的困难与挑战视为障碍，那它们就只能是阻碍。这些挑战是否为阻碍，取决于我们看待的方式。我们视其为障碍，就会受到限制，视其为机遇，就会取得进步。

每一次挑战都蕴含成长的机会。如果我们意识到这一点，阻碍我们前进的挫折磨难就会给予我们力量。磨难像是大理石坯，能够磨炼我们的雕刻技能。

斯多葛主义认为，生活中总存在训练勇气、谦逊、理性、正义、耐心、自律、宽恕等美德的机会。没有什么能阻止我们训练美德。美德一直受我们控制，遇到任何情况，我们都可以用美德做出回应。道路之阻铺就大道。艰难险阻只是为训练美德提供另一个机会，让我们锻炼成为最好的自己。

无论生活带给我们什么，我们都拥有选择权：选择受到艰难险阻的限制，抑或选择战胜它们。我们可以畏缩不前，也可以茁壮成长。逆境是一个人达到更高境界的垫脚石。没有逆境提供机会，我们就无法成长，无法成为现在的自己。

想象一下，发生了一场火灾，路上的障碍物都被引燃了。障碍物作为燃料加强了火势。如果路上没有任何障碍物，大火就会熄灭。你就是那团火。没有什么是真正的障碍，障碍只会让你努力，使你更加强大。把阻碍转化为动力的能力，马可称之为"扭转障碍"。

无论何时遇到阻碍，都要利用障碍去实现你最重要的目标，即遵循德性生活，表达最高自我。没有什么能阻止你这样做。你会继续取得进步，然后一再遇到新障碍，机会来了，你有能力将阻碍化为前进的动力，以此训练技能。

一切都取决于你的理解。面对同样的情况，你既可以理解为链在脚上的铅球，也可以理解为肩胛骨长出的翅膀。你如何理解挑战，对于战胜挑战至关重要。归根到底，重要的不是挑战，而是你看待挑战的方式。

"如果受到外部事物困扰，困扰你的不是事件，而是你的判断。现在你有能力清除判断。"马可说，事件到底是阻碍还是机遇，取决于你的判断。

任何事情都能给予你成长的机会，你可以试着扭转阻碍，用美德做出回应。

嘿，这可不是透过"玫瑰色的眼镜"，过于乐观地看待事件。发生了糟糕的事，这是板上钉钉的事实了。以上的言论只是表明你总是有选择权的。时运似乎不济时，你可以选择逃避现实，也可以选择昂首挺胸，寻找成长的机会。

随着时间的推移，你会越变越好，内心极其平静，没有任何事能撼动你。你随时准备着，有效地处理生活中的一切。

▶ 训练4

提醒自己，世事无常

亲吻妻子或孩子时，一再告诉自己："我吻的是一个凡人。"

——爱比克泰德

变化是自然界的普遍规律。事物在不断变化。生命短暂，我们关心的人可能毫无征兆，瞬间被夺走生命。所以马可经常提醒自己，时间就像一条流淌着过往的河流："那些已经存在、即将存在的事物会从我们身边消失，消失得无影无踪。一切物质都像奔腾不息的河流，处于不断变化之中，没有什么是永恒不变的。"

事物不断变化，流淌着过往，新事物产生又消逝。因此我们应该提醒自己，心爱的人何其珍贵——他们可能很快就离我们而去。感恩当下拥有的一切，因为它们可能明天就会消失。人生总是无常。

记住，能够享受现在的一切已经很幸运了。你拥有的一切可能瞬间被夺走，你可能再也无法享用。学会享受拥有的东西，欣赏融洽相处的人，但不要认为自己有资格拥有，并且不要执着于拥有。

记住河流的这个比喻，减少对所爱之物的依恋，减少对所恶之物的恐惧。记住一切都在不断变化，你不喜欢的事物也在变化，这样就会降低自己对外部事物的重视程度。

知道没有事物永恒不变，就不会再如此依恋于它们。当事情发生变化或失去所爱时，我们会更容易接受现实。爱比克泰德提醒，我们依恋水晶杯之类的东西时，应该记住它的本质是什么，如此，水晶杯破碎时，我们就不会受到困扰。爱比克泰德接着说："亲吻孩子、兄弟或朋友时，你必须提醒自己，你爱的是凡人，你所爱之物，所爱之人，都不属于你自己，你只是当下拥有，而不是永久拥有，你们也并非不可分离，就像在一年特定季节里的无花果或葡萄，如果你渴望在冬天获得它们，那你就是傻瓜。同样，在儿子或朋友不属于你时，你渴望他们，这和在冬天渴望无花果无异。"

下次和心爱的人告别时，默默提醒自己，这也许是你们最后一次分离，这样就能减少对他们的依恋，而且下次再见时，你会更加

珍惜他们。

很多事情发生在我们身上，我们没办法做出改变。但我们可以凭借高尚的精神，勇敢地面对大自然赋予我们的一切变化，让我们的意愿与现实和谐相处。

没有无花果，那就接受现实。

事物在不断变化。你阅读到这里时要意识到，当下的时刻在时间长河里是多么渺小，把这一刻与一整天、一个星期乃至你的一生相比较，它一晃就消失了。事物在变化，你也会变化，想一下那些作古的人。你离世后，别人又步你后尘，无人可以幸免。拓宽你对整个人类史的看法……看到了吗？生生死死，新生与消亡，没有永恒之物。

▶ 训练 5

思考自己的死亡

我无法永生不灭，我只是普通人。我是人类整体的一部分，就像一小时之于一天，它会到来并消逝，我也一样。

——爱比克泰德

世事无常。拥有喜欢的东西就去享受，否则死后一切就化为乌有了。没有什么比死亡更让我们恐惧。斯多葛学派说，恐惧死亡是非理性的，它只不过是活人散发的谣言罢了。

我们恐惧死亡，所以不去思考自己的死亡。对，别人可能会死，但不会是我们——我们觉得自己能永生。然而并不能。注意，发生在别人身上的事情也可能发生在你身上。

我们不知道自己的心脏还能跳多久，我们无法决定自己的生命，只能决定现在要如何生活。为了充分享受生活，斯多葛学派建议我们把每一天当作生命的最后一天来过。

马可说："就当自己死了，你这辈子已经结束了。现在过好剩下的日子。"

把每一天当成生命的最后一天来过，这并不是要及时行乐，过着花天酒地、醉生梦死的生活，而是定期反思：你无法永远活着，你是凡人，你可能第二天早上就无法醒来，你的生命就像一小时一样短暂。

思考死亡并不一定要改变你的行动，而是改变你行事的心态。思考死亡不会让你意志消沉，而是让你更加享受生活。这会有益于你，你不再认为一切都是理所当然，你会更加珍惜每一件小事。你会尽情地享受每时每刻，因为你很清楚，你获得的一切并不是永久拥有。

思考死亡可以防止你胡乱做出选择，并防止你在琐事上浪费时间。你会更清楚自己想在哪里付出时间，并集中精力关注真正重要的事，即你想成为什么样的人。不管你今天错过了什么，思考死亡能帮助你遵循德性生活。生活就在当下，你想要充分过好生活，每时每刻表达最高自我。

"记住你是凡人"，古罗马人称其为死亡警告。记住这句话，你会更加感恩生活，珍惜所爱的人，充分利用好每一天。马可建议，每天早上都提醒自己："早晨醒来，想想活着多么难能可贵，可以呼吸思考、享受生活、施人以爱。"

▶ 训练6

万物皆借于自然

我们没有理由沾沾自喜，好似周围的财产都属于我们。这些都是借来之物，我们可以享用，但是分配之人决定了我们租赁的时长。我们的职责是，时刻准备好失去这些租期不定的财产，要求归还时不要抱怨。债务人对债权人恶语相向，他应该自感羞愧。

——塞涅卡

你真的拥有过吗？

车、笔记本、猫，属于你吗？身体、地位、人际关系，属于你吗？不，这些都不属于你，它们瞬间就可以被夺走。你加班加点付出代价获得的东西，可能随时消失。命运、厄运或死亡可以毫无征兆地剥夺它们。

车会被偷！钱会丢失！猫会跑掉！亲人会去世！显赫的地位会消失！

我们并没有做好准备应对这些损失。我们认为自己拥有这些东西，但只有它们消失了，我们才会意识到自己未曾拥有。现在我们很难面对这些东西被剥夺，我们悲痛欲绝，迷失自我，泪流满面。

塞涅卡认为，我们无法承受这样的损失，因为从一开始，我们就没有想过可能失去它们。我们从来不会预想坏事，所以遇到坏事才会大吃一惊。为什么我们从来没有这样的意识？

这是无知。

塞涅卡在写给马西娅的慰问信中写道："看到这么多送葬队伍途经我们家，我们为什么没想过死亡？看到这么多悲伤的葬礼举行，我们仍然相信自己的孩子会比我们长寿。有很多富人倾家荡产，但我们认为这些事情不会发生在我们身上。"

很多加菲猫失踪，街上都是寻猫启事，但我们不认为自家的猫会丢失。我们虽看到周围世界发生了如此多的不幸，却没想过它们也会发生在自己身上。

我们对一切闭目塞听，置若罔闻。我们认为自己不可战胜，认为一切都理所当然。这种无知会使我们付出惨痛的代价，最后让我们遭受毁灭，面对不幸。

因此塞涅卡建议，视万物皆借于自然，你一无所有。你认为属于自己的一切都是从大自然处暂时借来的。这些东西不是馈赠之物，债权人想收回，你就得归还。正如塞涅卡所说："债务人对债权人恶语相向，他应该自感羞愧。"

想想，你最好的朋友、配偶、孩子、猫、健康、地位、汽车、笔记本电脑，你所拥有的一切都是借来的。你要意识到并预想到债权人不知何时就会收回它们。

如此，你会减少不幸的打击，更有效地应对不幸。

我们两手空空来，最后两手空空走。

▶ 训练 7

消极想象：预见不幸

在高枕无忧时，灵魂恰恰应该先顽强起来，以应对更大的压力；在时运顺畅时，增强自身，以对抗命运的暴击。士兵在太平日子进行军事演习，在敌人还未出现时搭建土垒，从事不必要的艰苦劳作，就是为了应战时具备能力。如果不想他们在危机来临时退缩，就提前训练他们。

——塞涅卡

你是否会采取措施预防不幸？

你当然会，我也会。但是无论我们如何努力去防备，总会发生一些不幸。这时强大的斯多葛学派技巧就派上用场了。消极想象是预见不幸的想象力训练，让你做好准备，保持冷静，有效处理生活中将发生的一切。

斯多葛学派的重要目标之一：即便身处逆境也能保持冷静并进行反思。如此你就能按照自己的价值观生活，并表达最高自我——而不是恐慌发疯。

这需要训练。斯多葛学派运用消极想象训练自己保持平静，即使面对挑战性情况，也能很好地应对。消极想象能减轻现实带来的冲击，获得更多的平静，同时强化斯多葛哲学的核心原则，深化我们的价值观。

把这种思维训练当作预测，在出去做事之前问问自己：

会有什么问题？

会出现什么阻碍？

会在哪里遇到困难？

这就是情绪弹性训练。在一切顺利时，你需要事先做好准备面对困难。当情况变糟时，你已经做好准备，这就是避免毁灭性打击的方法。瑞安·霍利迪精辟地说道："遭受毁灭性打击，即我们因发生之事深受震惊，被事件彻底击垮。遭受毁灭性打击的原因在于，我们一开始认为它不可能发生。"

事先考虑可能遇到的挑战性情况，从而做好准备。当困难发生时，你就不会感到沮丧震惊，就能够做到最好。

总的说来，就是在脑海中想象未来可能出现的糟糕情况。在旅行之前，在推出产品之前，或者去约会之前，提前问问自己，哪里可能会出错。想象一下，现在发生了一些"坏事"，你必须努力保持冷静，尽可能用最佳方式做出回应。

注意："消极想象"这个术语可能会产生误解。我们在斯多葛幸福三角的第二个角中学到，外在事物既非好事也并非坏事，而是无关紧要之事。这实际上就是斯多葛学派的基本原则：外部不幸不是真正的坏事，因为它不受我们控制。只有自己的反应才有好坏之分，这就是训练的目的所在，用美德做出良好的反应。

还有一件事：你可能在想，消极想象是否和之前的训练相似。你说得完全正确，像提醒自己世事无常，提醒自己会死亡，提醒自己所拥有的一切都是"借来"的，这些都是消极想象的形式。

现在，让塞涅卡提醒你："命运暴击毫无准备之人，轻击时刻防备之人。"

▶ **训练8**

自寻不适

但是，无论是健壮之人还是品德高尚之人，都不可能一步登天达到现有的状态。他必须经受严冬的艰苦训练，做好准备，并且不鲁莽地去做不适合之事。

——爱比克泰德

让我们做一些严冬的艰苦训练吧。斯多葛学派会深入实施消极想象，不仅想象坏事，还进行实践！

他们建议偶尔训练自己体验不适，以便将来过上更好的生活。自寻不适并非用鞭子鞭笞自己或其他手段惩罚自己，而是训练忍耐力与自控力。这种训练会减轻你对物质财富的欲望，让你更加感激所拥有的一切。如此一来，真正面对不适时，你才能做好准备，有效处理。

总体来说，训练自己体验现在所说的不适，日后就会舒适。

让我们了解下自寻不适的三种形式：

1. **暂时贫困**：塞涅卡建议每月过几天贫穷的生活，"满足于粗茶淡饭，布衣素食，食不果腹的生活，同时问问自己：这就是我害怕的生活吗？"

自寻不适要有创意：一天只喝水；每周的食物开销不到 3 美元；尝试禁食一两顿；穿又旧又脏的衣服；缩紧开销一个月；如果你意志坚定，可以在桥下过一夜。

2. **自寻不适的情境**：以小加图（Cato the Younger）为例。他是罗马共和国晚期的参议员，也是斯多葛哲学狂热的追随者。他与其他人不同，他自寻不适，穿着奇装异服在罗马闲逛，饱受他人的嘲笑。他赤着脚，剃光头，在酷热和雨中行走，并定期节食。

你也可以这样做。例如，在严寒里穿着单薄的衣服；在地板上睡一晚；冲个冷水澡；不开车，乘坐公共交通。

军队便采用这种训练方式，他们说："不下雨，就不算训练。"下雨天跑步才能磨炼意志。

3. **自愿放弃舒适**：与其体验不适，不如放弃舒适。放弃吃饼干的机会，不是因为饼干不健康，而是你想提高自我控制能力，体验一些不适。选择不看你最喜欢的体育队比赛，或者选择不和朋友参加聚会。这听起来像是在拒绝快乐，但实际上是在训练你，让你能做别人害怕的事，抵制别人无法抵制的事。

记住爱比克泰德所说，你必须忍受寒冬的艰苦训练，才能成为想要成为的人。在生活一帆风顺时就开始训练，那生活艰苦时你已经做好准备。

再次强调，这不是在惩罚自己，而是在扩大你的舒适区，让你在不适时依然能感到舒适，并提高自身的自律、耐力和自信。训练自己做艰难的事，训练自己拒绝难以拒绝的事，这并不意味着摒弃生活中所有的舒适。你想要的一切舒适皆可保留，比如舒适的床铺、美味的食物、淋浴的热水、暖和的衣服等——但当需要舍弃的时候，不要害怕舍弃。

▶ **训练 9**

为一天做好准备：斯多葛学派的晨间习惯

早晨刚起床就告诉自己：我会遇到好事之人、忘恩负义之人、自大狂妄之人、坑蒙拐骗之人、善妒之人、古怪之人。他们经历这些折磨是因为无法分辨善恶。

——马可·奥勒留

斯多葛学派最倡导的习惯就是花时间向内审视并反思自己。做这件事的最佳时机是什么时候？早晨起床后以及夜间入睡前。

爱比克泰德建议，早晨预想一天发生的事，夜间审视一天的进步。在天破晓起床时，问自己几个问题：

要摆脱负面情绪，我还缺少什么？

要获得内心平静，我还需要什么？

我是一个怎样的人，理性的人吗？

这个训练就是让我们每天越来越好，向自己的目标更进一步。此外，我们应该提醒自己理想自然本性，如此就不会认可或过分认可身体、财产或名誉。我们最好追求更伟大的目标——理性和美德，并思考自身行为。

马可建议在早晨提醒自己："活着是多么珍贵的权利，能够呼吸思考、享受生活、予人以爱。"正如开头的名言所说，马可希望我们做好准备会在当天遇到难缠的人（参见训练7）。

在今天以及生活的每一天，你几乎都会遇到愚蠢的人。问题在于，你做好准备遇见他们了吗？如果你在早晨就做好准备，就更可能以耐心宽容、理解善意去面对具有挑战的人际交往。

需要明确的是，你不用准备与世界为敌，但要准备在世界上合理行事。并不是每个人都像你一样做好充分的准备。马可进一步提醒自己，那些反对他的人与他相同，"并不是我们血统或出身相同，而是思想相同"。这些相似性使马可不会受到伤害，也使马可无法对他们生气，因为我们都是为合作而生。

塞涅卡每天早晨提醒自己世事无常："智者带着以下想法开启一天：'命运并未真正赋予我们任何东西。'无论是公有财产还是私有财产，我们都一无所有，这一点稳定不变。"

任何倾注多年心血造就的东西都可以瞬间被摧毁。叙利亚（Syria）和马其顿（Macedonia）有多少城镇被地震摧毁？把塞浦路斯（Cyprus）摧毁成废墟，这种级别的灾难有多频繁发生？

"我们周遭的事物注定会灭亡。你生来就是凡人，凡人终有一死。考虑一切，设想一切。"记住你是凡人。这种晨间的思想准备将帮助你专注于重要的事，你将准备以平静、韧性和耐心面对困难。

　　设想一切，并做好准备面对一切——只有这样，你才能在任何时候都做到最好。

　　如果你想即便身处暴风雨，也能保持冷静并表达最高自我，那晨间的思想准备就至关重要。

　　根据自己的喜好调整斯多葛学派的晨间习惯。比如，你在早晨制订一天的计划，给自己打气，锻炼、冥想或者写日记，比如，你想边洗澡边唱歌。你可以随心所欲，只要保持晨间习惯即可。

　　永远记住："你生来就是凡人，凡人终有一死。考虑一切，设想一切。"

▶　**训练 10**

回顾一天：斯多葛学派的夜间习惯

　　我利用夜间的机会，每天在自己的法庭上辩护。晚上熄灯后，我的妻子就保持沉默，因为她知道我的习惯。我会在睡前回顾一天，审视自己的一言一行。我从不隐瞒自己，从不忽略任何东西，从不害怕犯错，我会说："注意，不要再做这种事了。现在，我原谅你了。"

——塞涅卡

　　早晨预想一天发生的事，晚上审视一天的进步。一天结束后坐下来记下自己的反思：这一天你做了什么？你哪里做得好，哪里做得不太好？怎样才能进步？

时刻关注自己，每天反省自己。就像马可写下《沉思录》那样，他坐下来回顾这一天，清楚地了解自身。《沉思录》完全是马可写给自己，而不是写给大众的，然而两千年后，被我们看到了。

塞涅卡表示，如果我们希望思想能够发展，就必须通过提问的方式进行改进，例如：

你今天改正了什么坏习惯？

你今天犯了什么错误？

你在哪方面做得比较好？

塞涅卡把自我审视比作每天夜间在内心开庭。他评判自己的行为，并努力保证不再犯同样的错误。他说，优秀之人乐于接纳建议，低劣之人憎恨任何建议。

爱比克泰德也建议，睡前问一些类似问题回顾自己的行为。此外，他还问自己，"我还有哪些职责没完成"，确保第二天不忘去做。

夜间自我分析会帮助你控制负面情绪，你潜意识里知道自己会在夜间接受审判，因此你能减轻自己的愤怒和其他情绪反应，你甚至会睡得更好。

最重要的是，反思习惯有助于你保持一天的正念。正如斯多葛学派所说，注意力是实践斯多葛学派的先决条件。如果你想在任何时候都表达最高自我，就必须意识到自己的行为，否则你可能再次做出同样的事，那你基本上就放弃成为哲学人士了，因为你不知道自己在做什么，你是一个愚蠢盲目的人。

因此，日常反思习惯在斯多葛哲学中至关重要——如果你不知道自己哪里做错了，如何改进？如果你不知道自己想在这个世界上如何行事，怎么成为最好的自己？

有一天夜间我被前面的司机挡住去路，当时我烦躁得在路上大喊大叫。但下次遇到同样的情况，我会足够留心，决定做得更好，我会保持冷静并怀着耐心与宽容去对待他人。

早晨预想，夜间反思，这是提高自我的完美手段：做好心理准备并自我反思，这会让你不断学习，并获得自我成长。另外，这会让你更留意自己的行为。

就我个人而言，我会问自己三个简单的问题：

好： 我今天做得怎样？

更好： 我怎样改进？我能做得更好吗？

最好： 如果我想成为最好的自己，我需要做什么？

注意：永远善待自己，永远谅解自己。表现出一些自我关怀。竭尽全力去做，你能做到的只有这些了。即使你感觉不太好，这也是正常的。每个人都在生活中挣扎，每个人都在经历挫折。记住：永远善待自己。

▶ 训练 11

牢记榜样：思考斯多葛圣人

我们要敬仰优秀之人，让他时常出现在我们眼前，就像他在关注我们，关注我们所做的一切。这……是伊壁鸠鲁的建议，这相当于为我们配备监护人和道德导师，原因在于，如果有人意欲作恶，但身旁总有人关注，那他的恶行就会大大减少。

——塞涅卡

胸怀抱负的斯多葛主义者是有理想的人，他们想始终表达最高自我。我们可以借鉴的策略是思考榜样，并衡量自己与榜样的差距。斯多葛学派以宙斯、苏格拉底，或是以理想圣人为榜样，碰上难题，他们会问自己："圣人会怎么做？"

思考斯多葛圣人是斯多葛哲学虚构的理想模范。他道德十分高尚，睿智优秀，是一个完美的人。他品行高尚深受赞扬，而且生活顺遂，与自我和谐相处，与整个大自然和谐相处。

这位虚构的理想圣人为我们行事指明方向，并周密安排，让我们与其保持一致。我们想在通往成为优秀的人的道路上取得进步，就可以与这位圣人做比较，问自己："圣人会怎么做？"这可以帮助我们在遇到困难时做出最好的决定。

"圣人会怎么做？"这个简单的问题对我们有益，因为它在刺激和反应之间按下了暂停键。使我们意识到当下的情况，这是取得积极改变的第一步。问下圣人会怎么做，这为我们赢得时间，防止我们冲动行事，并让我们抓住行事的方向盘，选择做出可能的最佳反应。

因此，用塞涅卡的话说："选择生活方式和语言……都让你认可的人，让他始终做你的监护人或榜样。我认为，我们需要榜样衡量自己的品德。正曲为直，需尺参照。"

听从塞涅卡的建议，时刻在心中树立榜样——但你并不需要成为"圣人"。选择学习的对象，可以是罗杰·费德勒等偶像，蝙蝠侠等超级英雄，或者只是你父母。想象一下，这个人一直在关注你，他在观察你的行为，这会让你更加注意自己的日常生活，更谨慎地选择自己的行为。

通过阅读图书、听播客或者看电影了解更多榜样的信息，时刻以榜样为楷模，成为最好的自己。你可以佩戴相关首饰，把榜样的照片放在床头柜上，或者把榜样的名言放在钱包里，以时刻记起榜样所为。

向榜样学习是培养美德的有效途径。你甚至可以调整这种训练方式，更为普遍地询问各种对象，完美的母亲、父亲、雇员会怎么做？

此外，马可说："仔细观察人们，特别是智者的支配原则，他们避免什么，追求什么。"

观察智者，记住塞涅卡的话："正曲为直，需尺参照。"

▶ **训练 12**

斯多葛格言："武器"随时在手

医生携带手术刀和其他器械以防备紧急事故。同样，你也要随时准备好哲学思想。

——马可·奥勒留

斯多葛学派经常用简洁的话语总结主要原则。我们在这本书中了解到一些，例如遵循自然生活，与自然和谐相处，有些事情受我们控制，有些事情不受我们控制，优先无关紧要。

它们类似于现代格言，比如天有不测风云，谎言传播不远，行胜于言。

那斯多葛学派为什么要使用这些格言呢？

斯多葛学派知道思想决定品格。他们想要成为最好的自己，他们努力用理性信仰抵抗相对非理性的想法和判断。他们注意到脑中产生的非理性想法，并想要做好准备，以便能用更积极、更有益的想法取代非理性想法。

这就是斯多葛格言的作用。为使脑海中随时具有积极的信念，格言必须极其简洁明了地阐述基本原则。确切地说，只有这样大脑才能记住格言，并始终理解格言。让斯多葛原则适用于复杂、瞬息万变的现实世界，这是唯一的方式。

人们在日常生活中有所迟疑时，就把这些简短的格言当作行事提醒和行事指南。这些格言被视为思想"武器"，击退不安的想法和判断。马可给出了鲜明的描述："实践理论的楷模是拳击手，而非角斗士。角斗士会举起剑，也会放下剑，但是拳击手双手始终在旁，只需握紧拳头即可。"

我们要像拳击手一样，时刻准备好自己的原则。这与爱比克泰德的手册相似。

显然，斯多葛学派对实践斯多葛原则很感兴趣，因此他们努力把这些原则凝练成易于识记的言论，在别人最需要时，也就是在现实世界"挣扎"时能派上用场。斯多葛学派认为想要取得进步，需真正把课堂所学应用于实践。

如果你和斯多葛主义者相似，那就创造并记住这些易于理解的言论。它们会提醒你，你想在这个世界上如何行事，提醒你要成为怎样的人。问问自己：我的核心价值是什么？我想要代表什么？

记住：你努力成为最好的自己，但是现实的问题在阻碍你。在这场战争中，你的言论是不可或缺的武器。它们最终决定你的生活——是过上幸福顺遂的生活，还是过上无法称心的生活。

▶ 训练 13

扮演好你的角色

记住，你是戏剧演员，但戏剧依作者而定：如果戏份少，那就出场少；如果戏份多，那就出场多。即便让你扮演乞丐，也要演得出彩，瘸子、领导、公民亦然。因为你的目标就是扮演好赋予你的角色。角色的分配权在别人手上。

——爱比克泰德

每个人都要扮演不同的角色：人类、世界公民、父亲或母亲、儿子或女儿、兄弟或姐妹、丈夫或妻子、朋友或敌人、教师或学生、邻居或陌生人、年轻人或老人。有些角色是与生俱来的，比如作为女儿、姐妹等，还有一些角色是后天获得，比如作为妻子、教师。

所有人的角色都不尽相同。即使我们两个都作为儿子，我的父亲可能支持并善待我，而你的父亲咄咄逼人并打压你。所以我们的角色不同。

现在每个人的角色都有特定的职责。就像参演戏剧的女演员，即使分配到不喜欢的角色，也必须扮演好，使表演符合角色特点。你能够使用理性，并能自由选择如何表演，因此你能够扮演好自己的角色。舞台中的角色表演要与现实生活中的角色完全一致。

这些角色通常与其他角色有联系。于你父母而言，你的角色是做好父母的女儿。母亲于你而言，她的角色是做好母亲。母亲于父亲而言，她的角色是做好妻子。

爱比克泰德说，如果你履行对他人应该承担的义务，那你就与自然和谐相处，这是通往幸福顺遂生活的直接途径。

在与他人的多边关系中，关注自己的角色部分。你可能是好女儿，但你的父亲可能不是好父亲。他没有扮演好自己的角色，这和你并无关系。你的角色是女儿，就必须扮演好女儿。你能承担好自己的角色部分。这就足够了。

即使你的父亲没有履行作为父亲的职责，你也要履行女儿的职责。这是他的过失，与你无关。他没有与自然和谐相处，他在伤害自己。如果他伤害了你，他会以某种方式付出代价。现在你可能没看出来，但是他会因为没有履行职责有所失去。

如果你为了报复，试图伤害父亲，那你就没有履行作为女儿的职责，结果只会害了自己。你会失去部分品格——温和、耐心、尊严。你意识到这一点了吗？你并没有意识到。失去品德并不会招致疾病或丧失财产。你没有意识到自己失去了什么——温和、耐心、尊严的品格。

斯多葛学派的经典观点是扮演好自己的角色，成为最好的自己，专注于你能控制的事，最终成为优秀的人。

爱比克泰德建议："反思你扮演的其他社会角色。如果你是理事会成员，思考下理事会成员应该做什么。如果你是年轻人，年轻意味着什么？如果你是老人，老了意味着什么？如果你是父亲，父亲的身份意味着什么？反思自己的每一个头衔，它们都代表对应的行为。"

扮演好你的角色，即使别人没有做好。

▶ **训练 14**

消除不必要之物

我们大部分的言行都不必要。如果你能消除这些言行，就能腾出更多时间，获得更多平静。每时每刻都问问自己，这有必要吗？我们也需要消除不必要的假设，以及随之而来的不必要行为。

——马可·奥勒留

有一件事确定无疑：我们永远无法保证下一刻会到来。然而，很多人却把时间花在毫无价值的事上，漫无目的地徘徊，盲目地做简单的事，比如沉迷于在奈飞（Netflix）看剧，与同事闲聊，或者关注最新的名人新闻。

我们没有意识到沙粒正从时光沙漏上掉落。我们选择随意，缺乏目标，后面才想起时间去哪儿了。

我们一定不能让这样的情况发生。相反，让我们不再盲目行动。马可说："即使是微不足道的小事，也应该带着目的完成。"我们是胸怀抱负的斯多葛主义者，我们必须明智地选择行动，把时间花在重要的事上——不要把生命浪费在琐事上。

让我们一次性消除生活中不必要的事，关注重要的事，这种能力会带来强大的力量。消除琐事，关注重要的事，看看自己能够多做多少事。

"如果你寻求内心平静，就少做……，去做必要之事。这将给你带来双重满足感。"马可说，"做得越少越好"。

问问自己："什么是我生命中最重要的事？"

一旦你知道自己最重要的事是什么，就需要优先考虑它们，并消除那些没有列入你清单的事。这将为你赢得时间，获得内心平静。你和别人一样，一天有 24 小时，你可以选择如何支配它们。

思考斯多葛圣人很清楚什么事情重要，并且永远关注重要的事。他很清楚，沙粒每一秒都在流失，时间无法重来。

▶ **训练 15**

忘记名声

执着于身后名的人忘记：铭记他们之人也很快与世长辞，接着后人再逝世。他们的记忆就像蜡烛火焰，一个点燃另一个，闪耀发光再熄灭。

——马可·奥勒留

如果我们对名声、对社会地位漠不关心，生活会过得更好。毕竟，声名和地位不受我们控制。

我们无法决定别人如何看待我们？我们不能把外在成功误认为是真正有价值的东西——耐心、自信、自制、宽容、毅力、勇气和理智。

一旦追求社会地位，我们就赋予他人力量，使其凌驾于我们之上。我们必须想方设法，让其欣赏自己，并避免做不受他们认可的事。追名逐利就是在奴役自己。

让我们关注自己能控制的事——自愿的行为。成为最好的自己至关重要。每时每刻表达最高自我。我们做正确的事，不应该寻求感谢或认可。做正确的事自有回报。

马可问："你出色完成，别人从中受益，为什么还要像傻瓜般追寻凌驾于他们之上的第三方？"不要把自己的幸福和别人的想法捆绑在一起，应该把幸福与自己的行为相联系。我们唯一能控制的就是自己的行为。

你的品格和行为最重要。如此，你就会去做正确的事，而不是做取悦别人的事。在大多数情况下，这两者截然不同。成为最好的自己并从中得到满足。忘却追逐名利，忘记掌声，专注于你的德性行为：秉承理性、勇气、正义和自律行事。

成为优秀的人可能会带来额外奖励：出名。但不要为了追逐名气去成为优秀的人，名声是累赘，它变化无常如过眼云烟，正如马可所说："想想古人的生活，想想后人的生活，想想现在远在异乡的他人生活。有多少人甚至不知道你的名字，有多少人会很快忘记你的名字。现在有多少人称赞你，或许明天就有多少人蔑视你。被人铭记毫无价值，名声也毫无价值，所有一切都毫无价值。"

万事万物每时每刻都在发生改变，或早或晚都会被遗忘。

不要在乎别人如何看待我们，不要在乎别人的夸奖与批评，关注我们能掌控的东西，即我们自愿的行为。做正确的事本身就是奖励，让我们从中找到满足。

▶ **训练 16**

极简主义者：简单生活

掌控的东西很少，欲望却无穷，这难道不是愚蠢，不是疯狂至极吗？

——塞涅卡

衣服有何用？鲁弗斯认为穿衣是为了保护身体，而不是使人印象深刻。追求必需品，而不是奢侈品。住房家具也是如此。它们仅仅起到遮风避雨、抵挡严寒酷日的功能性作用罢了。

同样，塞涅卡表示，用草皮建房还是用进口大理石建房并无区别，"你必须明白，茅草屋和黄金屋皆可培养人才"。

斯多葛学派喜欢简单的生活方式——满足我们所需的生活方式。我们应该时刻牢记物质无关紧要。我们如何对待物质不重要。我们不应该执着于那些会被剥夺的东西。正如马可提醒我们："获得不自满，放手不眷恋。"

我们不应该囤积物质。大多数物质都是无用累赘的。我们认为一些东西免费，因为它们可以通过低成本获得或者它们是别人赠送的，但是这些东西却终将让我们付出昂贵的代价。塞涅卡指出，所有获得之物都存在隐性成本。

更多并不总是更好，免费的东西并不总是免费。

一旦我们体验了奢侈生活就渴望更多的东西。获得并不会使我们快乐，为了满足自己的欲望，我们想要的东西越来越多。然而，正如爱比克泰德所说："满足欲望并不能获得自由，消除欲望才能获得自由。"

真正的富足在于欲望少。塞涅卡说："没有人能拥有想要的一切，但可以避免追求没有之物，并愉快地利用现有的一切。"我们的目标应该是"从自身追求富足，而非从财富中追求富足"。

让我们记住，遵循相互尊重、信赖、自我控制等价值生活，这远比财富或外在成功更有价值。我们永远不要为了追求财富，牺牲自己的品格。做好人是最高的善。过上称心如意的幸福生活，只需满足这一点即可。

但是如果你生活富裕呢，就像塞涅卡和马可那样？塞涅卡说，首先，财富必须光荣地获得，体面地花掉。他还补充道："智者并不认为，自己不配获得命运的馈赠之礼。智者不爱财富，但是愿意拥有财富；智者接纳财富进家里，但不接纳财富进心里；智者并不拒绝属于他的财富，而是保有财富，希望财富能为他实践美德提供更大的空间。"

如果我们行事得当并表达最高自我，奖励往往就是财富。得到财富就接受财富，但不要沾沾自喜，也不要紧抓不放。拥有财富是好事，你可以享受财富但必须准备放手。是否拥有财富不应该有所不同。塞涅卡进一步说："财富对智者的影响……就像水手在航行中遇到顺风。"

该观点强调：能够享有事物同时又对它毫不在意。遇到顺风就接受，没有遇到顺风也不要在意，甚至要高兴。归根结底，现实生活在本质上是好的——顺风和风暴都一样。

正如作家威廉·欧文所说："斯多葛哲学要求生活质朴而非生活艰苦。"斯多葛哲学并没有要求我们放弃财富，但是它确实要求我们在使用财富时思考再三，并牢记财富只是从命运处借来的，随时都可能被收回。

（斯多葛派哲学家在此问题上观点不一：鲁弗斯和爱比克泰德认为必须完全避免奢侈的生活，因为它会腐蚀我们；塞涅卡和马可认为，生活在宫殿里也可能不被腐蚀。）

▶ **训练 17**

收回时间：不做浪费时间的事

你必须记住，对任何行为的关注度应与其价值成正比。不忙于不应关注的小事，就不会疲惫并想要放弃。

——马可·奥勒留

时间不能倒流。一旦沙粒从时光沙漏里流下，它就永远消失了。

尽管时间有价值，但人们还是随意地浪费时间，把时间浪费在路人上，浪费在各种各样的屏幕上，浪费在其他不必要的活动上。塞涅卡表示："我们对财产金钱精打细算，却很少想到自己挥霍时间。我们都应该成为最吝啬的守时奴。"

投入的时间越多，表明我们的重视程度越高。因此不要把时间浪费在无关紧要的事上，不然与此同时，家庭、朋友、承诺、表达最高自我等真正重要的事，就变得不再那么重要，因为我们投入的时间少了。

投入的时间体现你的重视程度。

我们必须知道自己的时间去哪里了。最简单的方法是什么？衡量你的时间！

我们需要设定优先次序，将大部分时间投入到重要的事上。我们需要拒绝无关紧要的事。我们没有意识到有些事并不是很重要，但需要付出长时间去做，因此，我们必须摒弃它们。我们有很多在做的事，实际上并不需要去做。聆听一下塞涅卡的观点："我们没有意识到，许多事情根本没有必要去做，直到开始摒弃它们。我们一直在做并不是因为需要，而是因为拥有……我们感到困扰，原因之一在于，我们的生活以他人为向导，我们受到惯例的诱导，而非理性的规范。"

依据理性而非惯例选择时间的投入对象。首先要去除的是新闻。爱比克泰德说："只有一种方式能通往幸福，就是不再担心我们无法控制的事。"很多新闻都是和我们无法控制的事有关。如果你想在做人方面取得进步，忽略一些新闻就是完美的开始。我们的时间精力有限，胸怀抱负的斯多葛主义者不会选择把时间花在新闻上。

"如果你想提升自己，对于无关紧要之事，要满足于无知愚蠢，别希望自己博学。"爱比克泰德提醒我们，在无关紧要的事上可以接受自己无知，例如最近的名人丑闻或者超级碗冠军等。

注意，媒体把每一则新闻都当作重磅新闻来播报，但是今天的丑闻，明天就不会报道了……我们要意识到，并不是每一个头条都重要，我们不会错过重要消息，然而观看它们却有浪费时间的风险。正如塞涅卡所说："不是生命短暂，而是我们浪费了太多时间。生命足够长，如果时间投入合理，会有充足的时间去获取最高成就。但是我们在不经意间把时间奢侈地挥霍了，把时间投入在无关紧要的活动上，最终被迫面对生命最后的倒计时，这时才意识到时间已经消逝了。"

不要让这种事情发生，积极选择投入时间的对象。不仅新闻会偷走时间，其他事情也存在浪费时间的危险。

　　电子游戏、电视连续剧、搞笑视频，以及其他肤浅的活动，都是最常见的浪费时间的行为。我们都是浪费时间的"罪人"。斯多葛学派并没有要求完全杜绝上述行为，只是需要你意识到时间在流逝，并用心地支配时间。

　　确保你不会成为这样的人——除了年龄和白发，没有其他证据可以证明你活了很久。收回你的时间，像母亲保护孩子一样保护它。关注重要的事，不要把时间浪费在无关紧要的事上。

　　对此，塞涅卡还有最后一句话："即使你的生命还很长，你也必须非常节省地使用，如此才有充足的时间处理一切重要的事。事实上，时间紧迫，生命有限，浪费时间去学习无关紧要的事，这不是愚蠢至极吗？"

▶ **训练 18**

在重要之事上取胜

　　你在难以避免恶意的工作中赢得他人的喜爱；但请相信我，了解自己生活的资产负债表比了解玉米贸易更好。

——塞涅卡

　　塞涅卡的岳父失去了罗马粮仓负责人的职位。塞涅卡在信中写下上述这段话，认为失去职位也不是坏事。

　　塞涅卡认为没有什么好在乎的，他说岳父现在可以把时间投入真正重要的事上，"热爱并实践美德、消除激情，知道如何生活，知道如何死亡，知道如何过上极其平静的生活"。

了解自己生活的资产负债表比了解玉米市场、股票市场或办公室的资产负债表更为重要。

但是我们是怎么做的？工作时，不把时间投入提升（未来）工作的事情上；闲暇时，却把时间盲目地浪费在各种活动上以麻痹自己。

我们熟悉奇幻系列作品、电子游戏、体育、名人新闻等各种毫不费力的事。我们没有意识到，这些事无法教会我们如何倾听朋友的心声，如何变得自律，如何处理愤怒或悲伤。

我们把物质条件越来越好与如何生活、如何成为优秀的人混为一谈。

瑞安·霍利迪问道："在生命的尽头，什么样的知识更具价值？是你对生死的理解重要，还是关于'1987 年芝加哥熊队'的知识重要？"世间哪一个对你孩子的帮助更大？还有，是你对幸福意义的理解重要，还是三十年来你每天关注的突发性政治新闻重要？

上述什么更具价值很明显。因此，让我们真正明白并设定正确的优先顺序，确保把时间投资在真正重要的事上。

塞涅卡说，没有什么比学会如何生活更加困难。是时候开始学习了。忽略考试成绩，不要再想着攀登职业发展阶梯，不要再学习加密货币（cryptocurrency）知识——在这些事情上胜出，但在成为好父母、好姐妹、好朋友上失败，那又有何意义？

注意，做这些事肯定要付出时间和空间，但是不能以牺牲人的进步为代价。这就是我们刚刚所说的做更有价值的事。

那些在办公室光芒四射的同事，他们的成功是以牺牲生活为代价。每周工作 80 个小时的父亲可能在工作上是英雄，但他生活中可能忽视了妻儿，忽略了身体健康。

"成功"是一个宽泛的词。在过去三个月，这位父亲可能尽到了员工的职责，但这段时间以来，他从来没有倾听过妻子的心声，没有看过儿子的足球比赛，而且因为睡眠不足而脾气暴躁。

再次强调，事业成功但无法成为好丈夫、好父亲，那又有何意义？让我们在重要的事上做得更好。让我们学习如何处理压抑的想法，如何成为优秀的倾听者，如何面对逆境时保持冷静，如何成为优秀的配偶、父母和朋友。

那是我们内在的转变，没有人会知道。它比肤浅的外在转变更为重要。内在真实的自己比别人认为的你更为重要。

最有价值的资产是品格，它会帮助你在重要的事上获胜。

▶ **训练 19**

成为终身学习者

闲暇时不学习相当于死亡，那是活人的坟墓。

——塞涅卡

你是胸怀抱负的斯多葛哲人，你是爱好思考的人。你喜欢学习如何生活——你是追寻智慧的人。

记住，斯多葛学派认为自己是名副其实的思想战士——学习如何生活。最重要的是，学习后把知识付诸实践。爱比克泰德教导学生，思考如何生活就像思考如何过节——过好生活之节。

这个比喻表达了对生活的感恩之情，它提醒我们生活即将结束。另外，把生活当作节日有助于我们以更超然的态度看待生活中出现的问题——就像忙碌混乱的节日。

现在我们是哲学人士，我们应该在生活之节结束前思考如何过好它，尽可能学习更多知识。随着生活之节的进行，我们有责任取得进步。一天又一天，"闲暇时不学习相当于死亡"。

"确保自己像诗人般享受放松时光——这不是无所事事，而是积极主动去观察周围的世界，吸收一切，并更好地理解自己在宇宙中的位置。"瑞安·霍利迪（Ryan Holiday）说，"偶尔可以有一天不工作，但不要有一天不学习"。

我们不仅要用剩余时间学习，还要积极地腾出时间学习。这就是我们阅读斯多葛哲学的目的：寻求智慧提升自己；让自己变得更好；学习如何成为优秀的父母、配偶和朋友。

爱比克泰德说："教育（知识）如黄金，无论在何处都价值不菲。"

你没有借口。今天比以往更容易学习新知识。互联网充满智慧；图书价格低廉，通过快递就能抵达你的书桌。你只要花费几美元，就可以向有史以来最聪慧的人学习。

勤奋好学的学习者，请记住两件事：

1. 谦虚。爱比克泰德教导我们："自以为知道的知识，永远也学不会。"马可补充说："有人指出并证明我的想法和行为有错，那我乐意改变——因为我寻求真理。"

2. 付诸实践。不要仅仅满足于学习，爱比克泰德提醒我们，"随着时间的流逝，我们会遗忘知识，最终与所学知识行事相反。"我们是思想战士，必须走出去真正实践所学东西。

▶ 训练 20

人生岁月，你要展示什么？

没有人能算出时间的价值：人们挥霍使用时间，好似无须付出代价。但是，如果面对死亡威胁，你会看到他们在祈求医生……看到他们倾尽所有去维持生命……我们必须更加谨慎地珍惜时间，因为不知何时，它就会戛然而止。

——塞涅卡

我们忘记了，人终有一死。

我们过着生活，仿佛自己能永生，之后才意识到不可能，那时才希望自己能早点开始真正的生活。

人们为了活着愿意倾尽所有，但是活着的时候却在浪费时间。他们没有意识到属于自己的时间随时会戛然而止。

"你过着生活，仿佛自己能永生，你还未遇到崩溃之事；你没有注意到时间消逝了多少，你挥霍无度，好似时间无穷无尽，直到你为某人某事付出的那一天可能成为你的最后一天。面对害怕之物，你表现得像凡夫俗子，面对渴望之物，你表现得像不朽仙人。"

这段话，正中我下怀。在别人看来，我总是在冒险、创业、辞掉稳定的工作、卖掉一切、搬去国外、尝试出书。

但我仍然觉得，恐惧在阻碍我前进。我仍然觉得，我有充足的时间去做我真正想做的事。我想这是生而为人应该去做的事。

我们知道自己有挥霍时间的行为倾向，就可以提醒自己，人终有一死，然后反向引导自己，甚至引导自己做害怕的事，确保我们有目的、有意义地体验人生，充实人生岁月。

但这也不是说，不要玩电子游戏，不要看电视，不要做全职工作。而是说，我们在做这些事时要有意识，要有目的性。我们认为值得投入时间的事就可以去做。

扪心自问：时间是否都花在正确的事上？我们会成为那个祈求医生的人吗，那个愿意倾尽所有争取几个月时间的人吗？

我们会成为那样的人吗？寿命已尽却没有做好准备，还想活着做更多事，对错过的事充满遗憾。

现在回顾你的一生，你过得充实吗？活了这么多年，有什么可以展示的成果？你还想体验什么事？在这个世界上，你想成为像谁一样的人？

我想确保自己回顾过往时说："对，我充分利用好时间，我过得很好，我享受时光滴漏中的每一滴水。"这些时光并不是有关奖杯和地位，而是有关人的进步，成长为成熟的人，秉承着内心深处的冷静、耐心、正义、仁慈、坚持、幽默、勇气、自律等价值观成长。

我在想象中看到了最好的自己。我想付出时间实现理想自我，努力成为最好的自己，尽可能去接近理想自我。

我想充分利用自己在世的时间。我很清楚，生命瞬间就可以被夺走。

斯多葛学派认为，寿命长短不重要，重要的是生活方式。小加图精辟地指出："健康的价值取决于寿命，美德的价值取决于收获。"

塞涅卡补充道："一个人寿命很长，但活的时间很短，这种情况可能存在。"

让我们确保自己明智地付出时间，在我们回顾一生时，就可以欣慰一笑，而不是遗憾叹息。

▶ **练习 21**

做必做之事

早晨起床困难时，请记住：我活着就是为了尽人之责任。做生来要做之事，为何会恼怒？难道我活在世上，就是为了蜷缩在被中取暖？这很舒适，难道你生来就是为了舒适？简而言之，你是要放纵取乐，还是要努力拼搏？

——马可·奥勒留

即便是为我们传道授业的马可，早晨起床也常常再三挣扎，他甚至还有拖延症。即便如他，也无法时刻感觉良好。

但是他在努力，他在逼迫自己做必须做的事。

我们活在世上不是为了享乐。马可说："看看植物、鸟类、蚂蚁、蜘蛛、蜜蜂，它们各司其职。你有听到它们呻吟抱怨吗？没有，它们尽最大的努力，做自己该做的事情，日复一日做着。"

但是我们人类却不愿意做自己的工作，我们懒惰，我们没有动力，我们行动迟缓。我们当然有时间去睡觉休息，但仅限于此。马可提醒自己，"跨越这个局限"。但是他还没有完成自己全部的工作，他仍然达不到自己的工作指标。

我们也是。是时候起床做我们必须做的事。人终有一死，塞涅卡提醒道："当生命必须终止，你才开始真正生活，那太迟了！忘记了人终有一死，这实在是愚蠢。制订明智的计划，却推迟到第五十个年头、第六十个年头来执行，直到步入了老年，才希望在人类无法达到的年龄开始生活，这是多么愚蠢啊！"

塞涅卡说："拖延是对生命最大的浪费。它吞噬着每一天，它承诺未来而否定现在。"生活最大的阻碍是期望，它紧抓着明天，却丢失了今天。你筹划着命运控制的事情，却放弃了自己能控制的事情……未来都是不确定的：活在当下。

所以让我们活在当下，不要再拖延了。

"已经受够这种悲惨哀怨的生活了。别胡闹了！"马可告诉我们如何为自己的生活负责。马可想掌控人生的方向盘。他是皇帝，需要完成自己的事务。

我们也是自己的主宰者，我们天生就知道应该做什么，只是因为各种借口不去做罢了。内心的某种想法在阻碍我们前进。但是我们必须记住，不管愿不愿意，成功人士都会去做必需之事。

成功人士知道，要想成功，要想过上幸福生活，就要靠自己。不管何时，他们一旦意识到自己没有取得任何进步，宁愿选择每天承受一点辛苦，而不是在迎接最后结果时遭受更大的痛苦。

这就是自律，这就是有效处理试图阻止我们前进的消极情绪。

承认存在内在阻力，但无论如何也要去完成。即使你很累，也要足够强大，能够在早晨起床。即便曲奇饼干诱人，也要足够自律，抵制它们。即便害怕，也能勇敢帮助那个陌生人。

是时候成为你想成为的人，就在今天，而不是明天。

最终，我们能得到应得之物。不要再拖延了，活在当下！

第七章

情景训练：
生活艰难时如何自处？

选择生活方式和语言……选你认可的人做你的监督人或榜样。我认为，我们需要榜样衡量自己的品德。正曲为直，需尺参照。

——塞涅卡

生活一帆风顺时，遵循斯多葛学原则很容易。生活对你拳脚相加时，遵循斯多葛原则就比较艰难。

迈克·泰森说："每个人都有自己的计划，直到脸上挨了一拳。"此时，胸怀抱负的斯多葛主义者需要保持冷静，放下冲动，有意识地选择最明智的回应。

记住，发生什么事并不重要，重要的是我们对事物的反应。令我们心烦意乱的不是事物本身，而是我们对事物的理解。

生活并不是一帆风顺的。生活注定充满挑战，还会向你投掷恶心：

你会失去心爱的东西

你会生病

你会面临人生的关键抉择

你最喜欢的杯子会被摔碎

你会无缘无故感到沮丧

这个世界似乎与你为敌

生活会变得艰难。以下的训练和策略将帮助你有效应对这些问题。

▶ **训练 22**

伤害你的是自身判断

如果你被外部事物折磨，折磨你的不是事物，而是你对事物的判断。现在你有能力消除这种判断。

——马可·奥勒留

不是发生的事令你不安，而是你的看法。这是一个经典的斯多葛主义原则。你心烦意乱是因为认为外部事物不理想或糟糕，这通常表现为哭嚷、呻吟、抱怨等。

记住：只有自己的看法才能让你心烦意乱。

伤害不是来源于发生的事，讨厌的人或糟糕的情况，而是来自你的反应。你受的伤害来自你对事件的看法。所以有人让你情绪起伏，并不是这个人伤害了你，而是你对他的解读伤害了自己。

你的看法助长了消极情绪。

你对事物的反应决定自己是否受到伤害。马可说，必须如此，否则别人就能控制你，但这不是生活的本意。只有你才能控制自己的思想，只有你才能毁掉自己的生活。

自己承担责任。否则我现在就可以写道，你是笨蛋，你一定会受到伤害，但我对你没有伤害能力。如果你因为我这番话受到伤害，那是你的解读在伤害自己，不是我的话。

我们仔细想想，这简直是疯狂：对一句话的解读竟有如此大的威力，能让一个人微笑或流泪。你完全有能力从别人的辱骂中汲取力量。如果你以积极的方式解读这些言论，就能从中获得力量。

你的判断可以伤害你，也可以赋予你力量。我记得有一位足球明星说过类似的话："每当我抢到球时，对方球迷就会吹口哨发出嘘声，这会激励我。"

其他人听到这样的侮辱，可能会受到伤害或者注意力不集中，但这位球员却士气大增。

下次你受到困扰时，请记住，你对事物的判断会伤害你。试着消除这种判断，伤害也会随之消失。不要判断事物的好坏，去接受事物——你就不会受到伤害。

你的反应表明你是否受到伤害。马可说："选择不受伤,你就不会受伤。不觉得受伤,你就不会受伤。"

显然做到这样不容易。但是知道这些道理总比不知道好。

尝试:不要哭嚷、呻吟、抱怨。

▶ **训练 23**

如何面对悲伤?

克服悲伤比隐藏悲伤更好。

——塞涅卡

我的一位朋友几年前自杀了,我始终很难理解他为什么会自杀。在很长一段时间里,我一直处于悲伤中,但我克服了这种情绪。你可能理解这种感觉。斯多葛学派被刻板地定义为压抑自身情绪,但这是误解。斯多葛哲学倾向于立刻处理情绪,而不是逃避情绪。

不管怎样,逃避情绪很困难。得知心爱的人突然去世,我们不禁悲痛欲绝,这就像情绪反射。塞涅卡表示:"自然要求我们具备一些悲伤的情绪,"他补充说,"但过于悲伤是自负的表现。"

我们需要一些悲伤的情绪。根据塞涅卡的观点,适当悲伤是我们的理性"维持在中庸状态,既不会冷漠也不会疯狂,让我们保持友爱而非失衡的心态"。

我们可以流泪,但也要能停止流泪。我们可以在某个时刻停止哭泣，然后深深叹息。马可说，在某种程度上，悲伤的后果比悲伤的源头带来的伤害更大。

斯多葛主义者说，如果你发现自己陷入困境，就不要深陷下去。克服情绪，走出困境。在某种程度上，消极情绪会从自身汲取力量，这就像恶性循环。处于悲伤的状态让你觉得很糟糕，但这种感觉会让你更加消极。你将继续深陷，永远也走不出来。

我们唯一能做的就是，想想如果有人去世，我们再也无法与他相伴，生活会有多糟糕？我们与其哀悼他生命的终结，不如感激与他相处的时光，这可能会让我们难过，但也会让我们心怀爱意。

塞涅卡认为，理性是对抗悲伤最好的武器，因为"只有理智才能终结我们的眼泪，连命运都无法做到这一点"。

举一个例子，你为之伤心的人会希望你备受折磨，以泪洗面吗？如果是，那她不值得你流泪，你应该停止哭泣。如果不是，你爱她并尊重她就应该停止哭泣。

记住，发生的事并不是有意针对你。所以消除这种错误的想法，你就不会被针对。

要在极度悲伤时消除这种错误想法很困难，但是长时间处在悲伤中不太明智。生活还得继续。再者，我们是真正的斯多葛派学员，我们在进行负面想象时，就已经做好准备应对这种情况了（训练4）。

别人悲伤时该怎么办？

爱比克泰德说，我们应该小心谨慎，不要"染上"别人的悲伤。我们应该同情他人，如果可以，甚至陪着他人倾吐自己的不满。但要注意，不要在内心抱怨。

"我们应该表现悲伤，但不要让自己感受悲伤，"威廉·欧文继续说，"我们的目标是帮助伤心的朋友战胜悲伤。假装抱怨可以安慰他，那就这样做。'染上'他的悲伤，不仅无法帮他，反而害了自己。"

如果你能感同身受，那就不是"假装抱怨"。你努力帮助他战胜悲伤，同时避免自己陷入悲伤，这没什么不对。我是说，你不需要大哭一场。你只要陪在他身边，让他知道你理解他，明白他的伤心之处即可。

就像每次登机，乘务员会告诉你"先戴上氧气罩"，你一旦死了就无法帮助任何人。你自己都悲痛欲绝，又如何帮助痛苦的他人？

▶ **训练 24**

选择冷静勇敢，拒绝愤怒

当察觉自己即将生气时，要记住：发怒并非男子汉所为，彬彬有礼更具人情味，也更显男子气概。真正的男子汉不会易怒不满。他是勇敢坚忍、充满力量之人，而非愤怒抱怨之人。越平静之人，越有力量。

——马可·奥勒留

愤怒是一种激情，是斯多葛学派想要降到最低的消极情绪。塞涅卡著作的《论愤怒》（*On Anger*），是斯多葛学派有关克服愤怒建议的最佳文献。

塞涅卡认为，愤怒是报复痛苦的渴望，它是暂时的疯狂。愤怒的人缺乏自我控制，忘记了亲密关系，对理智和忠告充耳不闻，被琐事激发，不知何为真假——"就像一块掉落的石头，砸碎对方的同时自己也粉身碎骨"。

愤怒对自己的伤害最大。愤怒破坏力巨大，"没有什么灾难比愤怒更能让人付出惨重的代价"。所以，一旦发现愤怒的迹象就当即拒绝，一开始就掐掉愤怒的苗头，这是最佳计划。一旦被愤怒冲昏头脑，理智就不起作用，愤怒就会随心所欲，胡作非为，很难把它扼制住。

虽然我们无法控制第一反应，但只要我们的意识足够强大，就可以决定是否跟随。愤怒是一种判断。我们解读情况后再决定自己是否需要发怒。

但塞涅卡问："能够用理性解决的事，为什么要发怒？"

愤怒容易导致鲁莽行事，理性更值得信赖，因为它经过深思熟虑。

"理性希望做出公正的决定；愤怒希望它的决定就是公正。"

"正义之剑误入愤怒之人手中。"

愤怒一无是处，"除了缺少愤怒的刺激就不敢勇敢行事的人，没有人会因愤怒而勇敢：愤怒不是助长勇气，而是取代勇气"。我们不靠愤怒也能找到充足的激励——爱、同情、正义、勇气等正确的价值观。

我们不能被充满危险、不可预测的愤怒挑唆摆布，而要能受到内在价值观的激励，有意识选择做正确的事。

"有人因为迷路在斯多葛的田间徘徊游荡，我们最好引领他走正确之路而非驱赶他。"塞涅卡给出了这个精辟的类比。他说，有人迷失方向做错事，我们应该为其指明正确的道路，而不是追捕他们。我们不应该以怒报怒，最好以更明智、富有同情心的方式帮助他们。

与其冲动地发怒，不如深呼吸，有意选择让自己保持冷静。这种冷静不仅能减轻不幸，还能赋予你力量，让你公正勇敢地行事。正如马可所说："越冷静之人越有力量。"

一般来说，我们不应该给予处境激发愤怒的力量，处境并不在意我们。对处境生气就像对远超我们力量的东西发怒，就像把并不在意我们的东西当成私事。事情并不是针对我们发生，它们只是发生罢了。

对处境发怒并不会影响处境。这既不会改变它也不会改善它。通常情况下，让我们愤怒的事并不会真正伤害我们。愤怒相比愤怒之事导致的伤害更持久。

让琐事打破平静，这是蠢人所为。因此马可建议，思考世事无常。当下愤怒的事，明日就会忘记。

塞涅卡说，愤怒时采取措施，把愤怒的苗头转变为相反面：强迫自己放松脸部，深呼吸，缓和说话的语气，放慢走路步伐——内在的愤怒很快就会转变为外在放松的状态。

你也可以试着尽可能冷静客观地描述生气的状况，爱比克泰德解释说，这会为你赢得时间，帮助你用更长的反应时间看待问题。

我们应该时刻记住，伤害我们的不是事件，而是我们对事件的解释。"有人让你愤怒，要知道是你的想法在助长愤怒。"塞涅卡写道。

所以与其一直愤怒，折磨周围人的生活，为什么不"让自己成为在世时被爱戴，离世时被怀念之人"？

▶ 训练 25

做好准备并用理性战胜恐惧

更多时候，我们只是感到恐惧并非受到伤害；伤害更多来源于自我想象而非现实的摧残。

——塞涅卡

我们害怕的事往往不会在现实中发生。但是自我想象带来的恐惧会招来祸端。我们会受到恐惧的牵制，因为虚假的猜想易导致惊慌失措。

斯多葛学派知道恐惧引发的危险。我们盲目地防范害怕的事发生，害怕的事带来的实际伤害与因为害怕造成的伤害相比，可谓小巫见大巫。

塞涅卡表示，恐惧的主要原因是"我们没有置身于当前处境，把事情想得太长远"。我们预测未来，预测自己无法控制的事，从而产生存在危险的担忧。

我们想要自己无法控制的东西，正如爱比克泰德精彩的解释：

"我看到一个人很焦虑，我会说，这个人想得到什么？如果不去想自己无法掌控的东西，怎么还会焦虑？所以，有人拉着里拉琴独自唱歌时不会感到焦虑，但是进入剧院表演，即使唱得好，弹得好，也会感到焦虑。那是因为他不仅想演出顺利，还想出名，但是出名这事不受他控制。"

我们感到恐惧是因为想要自己无法掌控的东西，或者依恋于自己无法维系的东西。我们依恋于所爱之人，害怕失去他们。我们依附于固定工资带来的安全感。我们渴望得到力所不及的东西。我们必须停止依附于不受控的外部事物和欲望，因为失去控制权会带来恐惧。

人只要不奢望自己无法控制的东西就不会焦虑。

塞涅卡表示："人能预见即将发生的麻烦，就能消除它的破坏力。"因此做好准备面对即将到来的挑战性情况至关重要。

预测灾难并不是破坏当下，而是优化当下。我们不再如此害怕可能永远不会发生的事。斯多葛学派认为，通往自由的最佳途径是想象我们害怕的事即将发生，并在头脑中审视它，直到我们能以超然的态度看待它。

应对恐惧常见的方法是躲避恐惧，努力去想别的事。但这可能是最糟糕的方法。漠视恐惧会增长恐惧。

应对恐惧正确的方法是，经常理性并冷静地思考恐惧——直到它变得熟悉。你对曾经恐惧的东西感到厌烦，担忧也就随之消失了。不管是内心想象的恐惧还是现实存在的恐惧，直面恐惧就能减少恐惧带来的压力。

马可有另一种应对恐惧的方法："清理思绪，控制自己，就像你睡醒后意识到这只是噩梦。清醒过来并把那些恐惧当作噩梦。"

你害怕的东西往往是你内心想象出来的，现实并不存在。你害怕某物不是因为它们在现实中可怕，而是你认为它们可怕。很多人害怕蜘蛛，但从来没有被蜘蛛碰到过，他们在害怕什么？

我们在想象中恐惧，就像在做梦。我们不能盲目地恐惧，必须停止害怕，理性地问下："恐惧存在意义吗？"

我们正在为自己制造噩梦。因此必须清醒过来，停止这种疯狂式的恐惧。我们受到梦境的困扰。恐惧的来源并不真实，但是恐惧的影响真实存在，并且会阻碍我们。我们在阻碍自己。

注意，你不可能一下子克服所有恐惧。但是要设法减少对事情的依恋，意识到害怕的事只存在于我们想象中。如果我们能直面恐惧，即使是只存在于想象中，那也能克服大部分恐惧。一步一步来。

▶ **训练 26**

错在预期

黄瓜是苦的？那就扔了。路上有荆棘？那就绕过。这就是你所需知道的知识，仅此而已。不要问"为什么存在黄瓜、荆棘这样的东西"，不然，很多人会嘲笑你。木匠会嘲笑你，因为你在木匠室看见锯末大吃一惊；鞋匠会嘲笑你，因为你看到皮革碎片大吃一惊。

——马可·奥勒留

现实不符合预期，我们对此感到生气、悲伤或失望。我们惊讶于事件没有像期望的那样。

遇到挫折不要责怪别人或外界，应该责怪自己，责怪自己不切实际的期望。向内关注，记住，我们必须承担责任。

塞涅卡认为，被琐事激怒的唯一原因是我们没有想到它们的存在。"这是由于我们过度自爱。我们决定不要受到伤害，甚至不要受到敌人的伤害。每个人心里都住着发号施令的国王，我们允许国王有特权，但不愿意受到国王的迫害。"

我们被宠坏了。只要外面世界不顺从内心国王的命令，我们就像孩子一样大喊大叫，乱踢乱踹。我们只记得自认为世界亏欠我们的东西，忘记了对幸运拥有的东西心存感激。

我们感到生气沮丧，主要原因在于期望和欲望过于乐观。因此我们必须让期望和欲望更贴近现实，如此就不会对世界失望。如前所述，如果只渴望自己能控制的东西，那无论遇到什么境况都不会感到沮丧。

我们是胸怀抱负的斯多葛主义者，我们应该努力看到世界的本来面目，而不是要求世界符合我们的期望。我们必须提醒自己：现实世界是什么样子？我们可以在现实世界中得到什么？什么受我们控制？塞涅卡表示，智者"会确保发生的一切都在预料之内"。

"意料之外的事情破坏性更大，意外性增加灾难的严重性。意料之外必定会加剧悲伤程度。因此我们要确保没有任何事让我们吃惊。我们应该在每一个转折点提前谋划，不仅考虑正常事态的发展，还要考虑可能发生的一切情况。"

正如前文所说，破坏性取决于我们最初的忽略程度。

因此，通过定期的消极想象审查自己的期望，这一点至关重要。如果我们设想到最坏的情况，就不用应对出乎意料的情况，并极大地减少负面情绪的产生。

让我们在脑中设想可能发生的最糟糕的情况，看看事情如何与我们的期望背道而驰。如此，我们就能心平气和地面对发生的一切。

不要因任何事而惊讶，尤其是那些经常发生的事。

马可说："记住，不应该惊讶于无花果树结无花果；也不应该惊讶于世界发生之事。良医不会惊讶于病人发烧；舵手也不会惊讶于航行遇到逆风。"

▶ 训练 27

疼痛与刺激：培育美德的绝佳机会

记住用你的内在财富去战胜每一个挑战。见到俊男靓女，你发现内心存在自我克制的力量。面对痛苦，你发现内心存在忍耐的力量。受到侮辱，你发现内心存在容忍的力量。随着时间的推移，你会变得自信，可以用道德手段包容一切。

——爱比克泰德

如前文所说（训练 3），坎坷终铺成大道。

我们貌似遇到逆境，但把逆境当作训练，就可以将其转变为有利条件。我们是战士哲学家，把这些逆境当作训练，成就最好的自己。

别人认为逆境是坏事，会阻碍他们实现目标。我们意识到这是成长的机会，并翻转逆境。别人认为逆境是不幸，我们认为是机会。

爱比克泰德解释说，疾病会妨碍身体，但不阻碍意志，除非意志选择受到阻碍；跛足会妨碍行走，但不阻碍意志。

爱比克泰德瘸了一条腿，他决心把瘸腿看作腿部障碍，而不是思想障碍。同样，痛苦和疾病妨碍身体，但不阻碍思想。我们绝不能被自怜自艾的情绪所主导，这种自我放纵的反应只会增加我们的痛苦。

相反，我们必须记住，痛苦是检验美德、提高美德的机会。我们可以借此磨砺耐心和忍耐力——两种高尚的力量。

马可表示赞同："谁会阻碍你成为善良之人、真诚之人呢？"我们具有与生俱来的力量，可以选择自己的行为，塑造自己的品格。"所以，表现你能控制的一切美德——正直、尊严、勤奋、自我克制、知足、节俭、善良、独立、简单、谨慎、宽宏大量。"

在不存在任何借口的情况下，我们可以表现如此多伟大的品质。唯一能阻碍我们的就是自己，因为我们可以控制自己的思想。

就像自然可以克服每一个障碍，并为它所用，马可说："理性之人能将每次遇到的挫折变成原材料，并利用它达成自己的目的。"

爱比克泰德说，我们应该从小事开始训练。如果事情让我们头疼，就训练自己不要骂骂咧咧。如果受到侮辱就训练容忍力。他强调，如果爱抱怨，就训练自己从内到外都不要抱怨。

让我们提醒自己，每一件小事都是锻炼道德行为的机会。每遇到头疼的事，都能锻炼自己不要恶语相向。每遇见充满魅力的人，都能训练自我克制。每碰到讨厌的人，都能训练耐心、善良和宽恕。每遇到难事都能锻炼毅力和努力。

▶ **训练 28**

平静的游戏

一旦境况打破你的平静，要立刻恢复自我控制，不要处在失控状态太久。习惯性恢复和谐状态会让你更加熟练地掌控和谐状态。

——马可·奥勒留

我们偶尔都会心烦意乱。大事、小事经常出乎意料地发生，比如火车晚点，自行车被偷，朋友聚会在最后关头取消。

这种琐事会让我们在内心脆弱时崩溃，失去平衡，变得暴躁易怒。有时内心失衡完全可以理解，即便是优秀的人也会出现这种情况。问题是要尽快让心态回归正轨。

不要让自己颓废太长时间。掌控自己，重新振作起来，恢复内心的平衡。

现代哲学家布莱恩·约翰逊（Brian Johnson）将此方法称为"平

静游戏"。游戏的规则很简单：（1）意识到自己内心失衡，比如你开始对交通状况、配偶或同事失去耐心时；（2）看自己能以多快的速度意识到内心失衡并调整状态——让自己恢复平静。

布莱恩·约翰逊说"平静"是有史以来最伟大的词汇之一。该词来自拉丁语："aequus"（平稳的）和"animus"（内心），意思是"内心平衡"。

因此，无论何时因为一些事失衡，我们都应该意识到这种情况并尽快回归内心平衡。我们面对挫折，无法总能做到最好。智者深知这一点，他们的主要目标是尽快恢复内心平静。就像是练习拳击用的吊球，无论你何时出拳，它都能反弹回来。

我们希望任何时候都能遵循德性生活，并表达最高自我。所以发现自己失衡，就努力恢复状态并回到正轨。我们可以在平静游戏中积累扭转心态的次数，发现失衡然后回归平衡，重复次数越多，就会变得越好。

正如马可教导我们的那样："习惯性恢复和谐状态会让你更加熟练地掌控和谐状态。"

永远记住：阻碍和困境让我们更强大，它们是成长的机会。如果我们希望成为思想战士，面对生活的挑战就要永不退缩，全身心投入其中——因为这些挑战会让我们更加强大。

如前文所说，障碍物是大火的燃料，让火烧得更旺。现在，我们来看另一个有关火的比喻：风会助力火势，也会熄灭蜡烛。如果你的誓言脆弱，意志薄弱，风就是阻碍，会将其吹散，但当你接受挑战，遇到困难时没有立刻放弃，那风就是助力。

你向蜡烛吹气，蜡烛会被吹灭。但你向篝火吹气，篝火火势会大起来。成为那团篝火，那团遇风时总会更强大的火焰。

无论何时你遭遇生活的打击，都要注意是什么打倒了你，你需要多长时间才能重新振作起来。观察自己，并找到帮助你回归平衡的东西。每天都可以玩这个平衡游戏。

▶ 训练 29

反木偶思维

有人把你的躯体交给路人，你愤怒不已。但是你却把自己的思想随意交给别人，他们辱骂你，会让你心烦意乱，烦躁不安——你难道不觉得羞愧吗？

——爱比克泰德

我们总是被外部事物所左右，被盲目的冲动牵着鼻子走。我们就像牵线木偶，被别人操控，按照别人的喜好跳舞。

同事模棱两可的评论，男朋友没有打电话，陌生人的评论……我们被自己无法控制的东西搞得晕头转向，我们允许别人启动我们的情绪按钮。

更糟糕的是，我们不仅仅允许别人，还让天气、社交媒体、新闻、体育赛事的结果牵着我们的鼻子走。晴天，我们就跳舞；雨天，我们就跺脚。最喜欢的球队进球，我们就欢呼雀跃，最后平局，我们就垂头丧气。

这太疯狂了。我们的身体、财产、朋友都不属于我们，只有思想属于我们，但是我们没有意识到这一点，却把思想交给他人掌控。

"最终你要明白，内心深处存在力量和神圣物，它比引发你肉体激情，掌控你情绪之物更厉害。"

马可说的是我们的思想。我们可以决定外部事物对我们的影响。我们可以不被周围的事牵着鼻子走。我们可以真正做到保持冷静，不受伤害，不被惹恼。

切掉牵引你思想的线，拿回属于你的东西。停止疯狂的行为，不要被自己无法控制的东西牵着鼻子走。

是的，马可说，别人可以限制我们的行动，但无法限制我们的意图和态度。我们的思想有适应力。如果事情不利于我们，就去适应情况，并将其视为成长的机会。我们可以把障碍转变为机遇。

我们不应该被外界无法控制的事所左右，而应该遵循内心的价值观。无论发生什么事，都坚持自己的价值观：平静、耐心、善良、接纳、正义、勇气和自律。

我们的价值观和当下的正念能防止我们变成提线木偶。但这些都无法自动获得，而是需要我们努力去争取。我们是胸怀抱负的斯多葛主义者，我们选择努力工作，成为自己的主人，而不是被每个人每件事牵着鼻子走。

"像这样想——你是一位老人，你不会再让自己受到奴役，你不会因为任何头昏脑热，被牵着鼻子走，你不再抱怨当下运气不佳或者担心未来。"

马可创建了上面的实用框架，我们同样可以说："我们是成熟的人，不会被外部事物和他人所摆布。我们不会因为任何头昏脑热被牵着鼻子走。我们不会抱怨当下，也不会惧怕未来。"

是时候夺回控制权了，让我们保护自己内心的平静。

"首先就是不要激动。"马可提醒自己保持冷静。控制住自己后考虑一下手头的任务是什么，同时记住自己的价值观，然后以仁慈、谦虚、真诚的态度采取适当的行动。

首先，不要生气。其次，做正确的事，就这样而已。如果我们对情况有充足的意识，就能做到这两点。首先尽量不让自己难过，客观地看待情况，并牢记自己的价值观，然后采取相应的行动。

此过程需要我们意识到自己的冲动、印象和判断。如此，我们才能进一步思考，使自己不被其吞噬。我们必须避免鲁莽行事，仅此而已。

避免鲁莽行事并保持冷静，就不会像木偶一样被左右了。

▶ 训练 30

让挑战常伴生活

困难彰显人的品格。面对挑战，记住，这是神在给你找年轻的陪练员，或给你找体能训练员。为什么？因为成为奥运会选手需要付出汗水！如果你对待挑战像运动员对待年轻陪练般，那你遇到的挑战就是最好的挑战。

——爱比克泰德

我们很容易抱怨当下的境况。

但是谁说过生活会公平？谁说过生活应该简单？

没有人这样讲过。这就是我们存在于世的原因！这就是我们活着的使命，这就是我们变得更好的路径，这就是我们学会忍耐和坚持的方式，这就是我们变得成熟要经历的事情。

"若没有狮子、九头蛇、牡鹿或野猪，也没有野蛮的罪犯，赫拉克勒斯会变成什么样子？如果没有这些挑战，他会做什么？"

爱比克泰德列举的赫拉克勒斯的例子，值得再次强调。他说："很明显，赫拉克勒斯可能刚刚在床上翻了个身，然后又睡着了。所以，如果他在奢华舒适的生活里鼾声如雷，可能永远无法成长为大力神。即便他成了大力神，于他又有何益？如果他没有遭遇危机，没有遇到状况，以此促使他采取行动，那他的胳膊、体格、高尚的灵魂有什么用处？"

不要希望生活变得艰难，但也不要希望生活变得容易，应当希望自己更有力量去应对生活，这是成长的机会，是年轻的陪练员在挑战你，他只是在考验你。问题在于：你会怎样去面对挑战？你是那个接受挑战并准备正面解决挑战的人吗，还是第一次被打到下巴就会认输？

斯多葛学派认为，这就是我们存在于世的原因。生活本应该艰难，如果你不需要面对这些挑战，那就更不幸了。塞涅卡说："如果你从未经历过不幸，我认为你很不幸。如果你一生都没有遇到对手，没有人会清楚你的能力，即便是你自己。"

因此，斯多葛学派热衷于生活。他们知道生活不是象牙塔，而是成长的地方。下次你遇到困境，去接受它，把它当成成长的机会。别担心遭遇困境，你只会在困境中成长。也许困境是成长的经历，你日后会感激它。

问题不在于生活是否会打击你，而在于什么时候打击你，以及你要如何应对。你是会以促进成长的积极方式回应，还是像受害者一样回应：发出抱怨，一遇到困难就认输？

你会把困难当作学习和增强力量的机会，还是面对困难就沮丧并开始哭泣？

遇到困难时请提醒自己，这就是你存在于世的原因，困难会让你更加强大。

▶ 训练 31

当下的烦恼是什么？

不要让生活的全景压迫你，不为过去烦恼，也不为将来担忧。当下这一刻问问自己：在这项工作中我无法忍受什么，或者无法赞同什么？

——马可·奥勒留

斯多葛主义的重要内容之一就是培养当下意识。这种意识可以使你进一步思考，客观地看待情况，然后分析第一印象，做有建设性的事。

我们在忙乱时很容易忽略手头的任务，迷失在纷繁的生活里。我们遥想不确定的未来，回顾板上钉钉但已消逝的过去，难怪我们会不知所措。

不要忘记，过去和未来都不受我们控制。斯多葛学派认为，过去和未来无关紧要。马可说，当下才是每个人都拥有的时刻，但是"没有人会失去过去或未来，因为没有拥有，何谈失去"？

过去终究过去，始终无法改变。未来只会受到我们当下行动的影响。因此，斯多葛学派说，我们必须留意当下的时刻，专注于可抓住的真实东西。

我们拥有的全部力量都在当下。现在，我们可以控制自己的选择。现在，你选择读这本书，而我选择写作（为我自己写作）。

我们自愿产生的思想和行为是我们唯一能控制的东西，只有在当下才能控制。

如果我们想在每时每刻表达最高自我，就需要意识到当下的行为。正念是斯多葛学派实践的先决条件。

我们的挣扎是：我们被过去或者未来的事冲昏头脑，始终忘记关注当下。这是我们不知所措的主要原因。我们与动物不同，我们担心的是那些早已消失或者还未到来的东西，但这两者都不受我们控制。塞涅卡认为："野兽遇到危险会逃跑。一旦他们逃脱就不再焦虑。但我们同时受到过去和未来的折磨。"

塞涅卡说，只有当下不会让你感到痛苦。

因此，我们不知所措时应该努力抓住自己，并问自己："此时此地，手头的任务是什么，为什么它让我难以忍受？"

如果你能专注于当下，单独地看待当下，那些困难时刻就会突然变得更容易忍受和处理。如果接受事情的本来面目，能专注于当下能做的事，并以此改善处境并充分利用这些事，就会心态更平静。

一步一个脚印。

你越是关注当下，就越能注意到自己每时每刻的行为，就离表达最高自我越接近。

马可说，你一直所需的是：

当下的确定性判断：客观情况是怎样的？

接受当下的外部事物：接受并满足于自己无法控制的事。

为当下的共同利益行事：我现在能采取的最佳行动是什么？

如果你能从斯多葛哲学中学会这些内容，如果你在日常生活中具备足够的正念，将受益匪浅！

我们是胸怀抱负的斯多葛主义者，我们应该努力关注当下，不为过去或未来分心。只有这样，我们才能挑战第一印象，客观地看待情况，平静地接受我们无法控制的事，并遵循智慧、正义、勇气、自律等内心深处的价值观行事。这就足够了。

▶ 训练 32

细数恩赐

不要关注自己没有的东西，细数下你实际获得的恩赐，思考一下如果它们不属于你，你会有多么渴望。但是你要注意，如果你因为不够珍惜而失去它们，就会陷入麻烦。

——马可·奥勒留

我们深陷挣扎时，记住自己拥有的东西，这很有帮助。因为我们忘记了拥有它们是多么美好，忘记了过去的生活是多么美好。

即使面对逆境，也不要忘记对你拥有的东西心存感激。

马可在此提醒我们三件事：

物质并不重要，不要囤积物质。

感激你所拥有的一切。

注意不要依恋这些物质。

谁在乎别人拥有什么？你可以决定什么东西对自己真正重要，什么东西对自己不重要。关注自己并意识到生活对你有多么慷慨。不需要的东西越来越多，需要的东西越来越少，你就会更加自由。

拥有越多就会失去越多。对拥有的一切心存感激。感激这些东西。从自身拥有中寻找获利的方式。

爱比克泰德大方地分享其法宝："保管拥有之物，不索要他人之物，使用给予之物。如果没有被给予，不要奢求；如果被剥夺，就做好准备立刻放弃，并且感恩曾经拥有。"

不去渴望自己无法拥有的东西，珍惜真正拥有的一切。随时准备归还被赐予的一切，感恩曾经拥有它们的岁月。

多么简单的法则，让我们铭记于心。

塞涅卡表示赞同："人类获得的最大恩赐就在我们心中……智者满足于自己的命运，无论命运如何，不渴望自己无法拥有之物。"

让我们时刻怀着感恩的态度，感激拥有的一切，感恩经历的一切。

一定要时常心怀感恩。最简单的方式就是，每天记下一些令你感激的事件，并将其加入晨间习惯，也就是在说马可的这句话之前："早晨起床时，想想活着是多么珍贵的特权，能呼吸思考、享受生活、予人以爱。"

记住不要紧抓这些东西，这是我们从大自然处"借来"的，瞬间就可以被夺走。

▶ **训练 33**

异己化

我们可以记住共同的经历，以此熟悉自然的意志。朋友打破了玻璃杯，我们立刻说，哎，真倒霉。但自己的杯子碎了，却能以耐心接受这件事，并认为很合理。当我们同样遇到别人经历的事，我们作何反应？最好记住自己的这个反应。

——爱比克泰德

同一件事发生在自己身上，与发生在他人身上，我们看待的方式会不同。

同事打碎了杯子，你表现轻松，可能发表一些看法，比如引用谚语"碎碎平安（Shards bring good fortune）"，或者"真是走狗屎运，我帮你清理干净"。但是自己打碎杯子时，立刻觉得自己笨手笨脚太没用了。当然，不幸发生在别人身上时，我们要保持冷静与平静容易多了。

遇事与别人做出相同的反应，如此不是更明智？我是说，我们并没有与众不同，为什么我们遇事就小题大做，而别人发生同样的事，我们却能一笑置之？

这说不通啊！大自然并没有区别对待你我，并没有认为我们处于次等地位。事情就这样发生了，有时发生在我们身上，有时发生在别人身上。当事情终于轮到我们身上发生时，我们不该对此感到震惊。

下次发生了糟心事，想象一下别人也发生了相同的事。问问自己，如果同样的事发生在同事莎伦身上，你会作何反应。如果你觉得莎伦的事并不糟糕，那发生在你身上的事也并不糟糕。

这会让你意识到，发生在所有人身上的"坏"事，相对而言，都并不重要。因此，你内心的平静就不会被打破了。

爱比克泰德更进一步说："接下来讨论更严重的事。别人的妻子或孩子去世，我们通常会对他说，哎，人生在世，免不了生死离别。但如果是自己的家人出事，我们马上就会说：'我真是不幸！'"

比起心碎，杯子碎了可不是什么大事。但这都是一回事。莎伦失去了丈夫，为什么你觉得这事并不是很糟糕，但是你失去了丈夫，就觉得天塌下来？

注意，心爱的人去世了，我们无法像杯子破碎了一样云淡风轻。尽管如此，思考下别人发生同样的事，我们会作何反应，这可能对我们走出悲伤有所帮助。从某些视角来看，这件事提醒我们，发生在我们身上的事也发生在别人身上。

同样，想象一下，发生在别人身上的事也发生在你身上，此举可以让你更富有同情心，能够明白他人所想。别人遇事有所反应，有时我们觉得他们反应过度，并忽视了他们的感受。但同样的事发生在自己身上时，我们也会这样反应，或者反应更糟糕。

所以如果你发生一些糟心事，想想这件事发生在别人身上，你会作何反应，这会帮助你保持内心平衡。

此外，别人遭遇不幸，你在评价他的反应前要换位思考，想想自己遇到同样的事作何反应，这会帮助你更加理解他人。

▶ 训练 34

采取鸟瞰视角

柏拉图说得好：无论何时你想谈论别人，最好采取鸟瞰视角，将一切尽收眼底——聚会、军队、农场、婚礼与离婚、出生与死亡、嘈杂的法庭与安静的地方、每一个外国人、假日、纪念碑、市场。所有的事情都杂糅在一起，并以相互对立的方式存在。

——马可·奥勒留

这是多好的训练。想象你离开自己的身体，飘浮在空中，然后越飘越高。你看到自己，看到自己的房子，看到邻居，看到其他人，看到所在城市的湖泊河流，直到身体看起来像一粒小种子，之后你看到国家、海洋，甚至整个地球。

你起初像鸟类，之后像宇航员，从高空俯瞰所有人类。这个训练可以帮助你认识到：你是整体的一部分。

马可认为："你可以摆脱很多无用的困扰之事，它们完全在你的想象之中。"采取鸟瞰角度可以解决很多问题。人类的事以及你的不幸似乎就因此微不足道了。

"思考时间的永恒，观察万物每一部分的快速变化，从生到死是如此短暂。我们出生前的时间无穷无尽，我们死后的时间也无穷无尽。"

我们的问题似乎确实微不足道，很快就会消逝。同时，我们还会意识到世事无常。我们是渺小且短暂的存在。马可说得精辟："继续把时间和空间视为整体。在浩瀚的宇宙空间里，每个人都是渺小的种子；在时间长河里，每个人的存在都只像是螺丝的一次旋转。"

下次遇到麻烦时，试着采取鸟瞰视角看待问题。

我们常常被自己的想法困扰。搞砸了一件事就认为自己坏了大事。我们迷失在自己的想法里，没有意识到这只是平常事。我们关注手头的问题，好似它是天底下的大事，是举足轻重的麻烦事。

与浩瀚的宇宙相比，我们遇到的严重麻烦突然就变得微不足道了。这有助于我们正确地看待事物，具有全局观念，并对别人错误重视的外部事物，如财富、长相或社会地位等漠不关心。

▶ 训练 35

旧事重现

发生的一切：疾病、死亡、亵渎、阴谋……让愚蠢之人为之欣喜或愤怒的一切，都像春日玫瑰和夏日果实般简单熟悉。

——马可·奥勒留

"一代新人换旧人，地球长存永不灭。"这句话听起来像出自马可之口，但实际上它出自《圣经》。

万事一成不变。人类一代又一代，重复着同样的事，一些态度与行为产生又消逝，但人类的生活百世不易：结婚、养育孩子、生病、死亡、奋斗、哭泣、大笑、参加宴会、佯装、抱怨、坠入爱河、奢望、哲学般思考。

万事皆旧事，往前十代是这样，将来也一样。塞涅卡、爱比克泰德、马可和两千年后的我们一样，都遇到过同样的难题。因此他们的著作在今天仍然具有现实意义。马可提醒我们，一切都会再次发生："邪恶是旧事重现。不管发生什么，记住：无论从世界的这一端到另一端，无论从古至今，邪恶一直都存在。城市、房屋也一样，万事皆旧事。"

人们很容易相信现在发生的事是特殊存在。但是我们是具有坚定意志的人，我们必须抵制这种观念，并意识到除少数事情外，过去将来都一样，一切皆不变，一切皆旧事重现。

我们和前人一样，只在地球上短暂存在。我们离开，后人到来。地球长存不灭，但人类来来往往。

不要把事情看得太严重，在此之前提醒自己，发生在你身上的事并不特殊。在你出生前，无数前人有过同样的经历。在你死后，无数后人也会有同样的遭遇。

很抱歉告诉你，你并不如此特殊。发生在你身上的事并不特殊，你的反应也应并不特殊。

这可能有助于你正确地看待事物，不要把每件事都看得那么严重，不要太苛责自己，这些都是旧事重现罢了。

此外，这也解释了另一个原因，为什么我们不应该惊讶于小事，惊讶于那些一次又一次发生的小事，我们可能想要注意到这一点。事情搞砸了，人去世了，游戏玩输了，事情失败了，这就像春日玫瑰和夏日果实，总是周而复始地出现。

▶ **训练 36**

肉是动物尸体：客观观察

我们前面放着肉或者其他食物，我们的印象是，这是鱼、鸟、猪的尸体。此外，费乐纳斯酒（葡萄酒）只是一点葡萄汁；这件紫袍是羊毛经贝类的血液染色而成；性交只是内部摩擦和精液的间歇性排出，这些都是印象。印象接触事物并看透事物，所以我们看到事物的本质。

——马可·奥勒留

斯多葛学派建议尽可能客观地看待事物或情况。坚持事实并秉承价值中立原则（value-free），尽可能接近现实地描述事物。

这是经典的斯多葛主义思想：事物本身是客观存在，只有我们的判断才会赋予事物意义。

如上所述，马可提醒自己关注事物的基本组成。他想确保自己不要太重视外部事物。

（旁注：性交问题并不是故作正经，毕竟马可有 13 个孩子，但上文所说只是在反对因色欲而性交。）

我们应该看到事物的本来面目，"把它们赤裸裸地展现出来，知道它们并无价值，并剥夺它们获得的一切赞美"。

我们应该看到事物的本质并分析事物，"把它翻个底朝天，看看是什么样子。衰老、生病、死亡中的它是什么样子"。

马可把事情看个底朝天，并仔细地观察事物。他说自己的皇袍是"用贝类血液染色的羊毛"，虽然衣服可能价值连城，但只是用提取的恶臭骨螺血液将一些羊毛染色罢了。如果你留心，可能会记得，这种染料就是芝诺在海难中丢失的货物。那次海难后很多年，芝诺创办了斯多葛学派。

东西可能确实价值连城，但如果客观看待，它们就毫无价值。

马可建议以最好的方式度过一生。如果一个人能够对外部事物漠不关心，那这种能力就存在于他的灵魂中。如果"把这些事件视为整体，然后将其分解成不同部分进行分析，并记住这一切本身并不存在价值判断"，那他就能对外部事物漠不关心。

基本上，客观地看待事物，看到事情的本来面目，有助于我们表达最高自我。我们会意识到，这些事件完全是毫无意义的，并记住只有我们的价值判断才赋予其价值和意义。

斯多葛哲学让我们从各个角度看待事物，并更好地理解情形。通常情况下，事件的客观存在帮助我们清楚地看清它们，并防止我们赋予其太多意义。

所以你在生活中遇到难题陷入困境时，试着客观地看待你的处境。从多角度深入探究事情，一层层剥开，简单地解释。越真实越好。

这件事情是怎样的？它存在哪些方面？这种情况会持续多久？

▶ 训练 37

避免鲁莽行事：测试你的印象！

立刻训练，对每一个强烈印象说："你只是个表象而已，你所表现的并非本质。"然后依照你的标准去测试和评估印象，但首先要问的是："这件事情是否受我控制？"如果不受你控制，准备反应如下："那与我无关。"

——爱比克泰德

我们天生会靠近自我感觉良好的事物，避免接触自我感觉不佳的事物。这是我们的求生本能，它会极大影响我们日常生活中的行为。

这是我们拖延的主要原因。我们开车时骂其他司机，也是这个原因。有些刺激触发印象，我们就对此采取行动。在大多数情况下，以下情况会因本能而发生：

有司机超车，我们就冲他大喊大叫。

奶奶给我们饼干，我们就吃。

兄弟在看电视，我们就坐下来和他一起看。

这有什么问题吗？我们的感觉总存在错误。在当今世界，我们的情感印象会适得其反。如果我们只靠近自我感觉良好的事物，最终会浪费生命，比如狂刷网飞的视频，狂吃巧克力豆，狂喝咖啡！

问题在于，自我感觉正确的事，往往是不正确的。

记住，我们是胸怀抱负的斯多葛主义者，我们想要一直掌控行事的方向盘，如此就能有意识地选择最佳反应。因此，我们不会因为印象而冲动行事，而是在反应之前腾出时间思考，如此更容易保持自我控制，这一点至关重要。

我们必须避免鲁莽行事。正如爱比克泰德所说："不要因为印象生动就兴奋不已，而要说：'印象，稍等一下：让我看看你的本质；你是怎样的印象；让我考察一下你。'"

让我们测试一下自己的印象：这件事真的有那么糟糕吗？到底发生了什么？我真的想走那条路？为什么我的内心有如此强烈的欲望？我对这个人了解多少？

如果你能够停下来，问下这类问题，就不太可能被印象冲昏头脑并鲁莽行事。此举就是在抑制本能反应。拒绝接受冲动性印象，先测试一下。

测试并不容易。如果我们想测试自己的印象，想进一步思考，并仅仅将其当作设想，首先必须能发现印象。这需要自我意识。

这其实分两步：首先，发现自我印象，并确保自己不会立刻失去理智。其次，审视印象，冷静地决定下一步要做什么。

对自己说："印象，等一下。"延迟冲动反应的时间，这是遵循德性生活的基础。只有这样，我们才能不做自我感觉良好的事，去做自我感觉不佳的事。

如果你能防止自己鲁莽行事并保持必要的自律，就能拒绝别人无法抗拒的事，并做别人害怕的事。

你看，测试印象就是每一个胸怀抱负的斯多葛主义者应该具备的核心品质。你保持测试印象，就会意识到不是事件本身而是你对事件的反应让你沮丧或高兴。如果你选择不对小麻烦做出任何反应，就不会对其有所在乎，就好像什么事情也没有发生。

如果我们在反应前简单地争取时间，等待一会儿，就能避免立刻做出本能反应。在大多数情况下，这些冲动性反应对我们没有帮助。

如此完全是为了避免鲁莽的情绪式反应，并主要测试我们是否可以行事。不要关注自己无法控制的事，因为我们无能为力。

只有我们的反应才受自己控制，所以选择做出最明智的反应（不反应），然后继续前进。让我们听听爱比克泰德处理愉悦印象的策略："无论何时你获得愉悦印象，要像对待其他印象般，防止自己被冲昏头脑，让印象等待你的反应，给自己停顿思考的时间。再想象两种情况。第一种，先享乐，然后后悔并憎恨自己。第二种，完全避免印象式行为，获得快乐与满足，你可以比较这两种情况。"

要点：在你做出反应之前，先说："印象，等我一下，……让我测试一下你。"

▶ **训练 38**

行好事，做好人

不要表现得好似你能永生。人终有一死，死亡笼罩着你。只要活在人世，只要力所能及，当下就做好人。

——马可·奥勒留

你读这本书目的何在？

你不会因为学习斯多葛主义获得荣誉勋章或其他奖励。没有人在乎你读了什么书，没有人在乎你知道什么古代哲学。

你也不在乎，因为你为自己而读，你想成为最好的自己，你想有效地处理生活中的难题，你想过上幸福顺遂的生活。

这就是斯多葛哲学的意义所在。鲁弗斯提醒我们："哲学不在于外在的展示，而在于关注自己需要之物并留心它。"

你是谁，你做什么，这才重要。爱比克泰德说，世界正因人类的卓越而美丽。你具备正义、平静、勇气、自律、善良或耐心的品质，就会美丽。

没有人能欺骗自己什么是真正的美。

好坏皆在于我们的选择。重要的是，我们选择如何处理给定的牌。如果你努力成为好人，如果你竭尽全力了，结果并不重要。

你可以从自身获得好处。"幸运之人是给自己带来好运的人，"马可说，"好运是好灵魂、好冲动和好行为。"

快乐源于你的选择，源于你精心选择的行为。善良的行为会带来内心的平静。这是你获得幸福的最好机会。

做好事，因为这是正确的事。不寻求任何回报，为自己而做，你就能成为想要成为的人。

不要因为行正义之事就在屋顶大声嚷嚷，不要成为这样的人。"只需继续行善即可，就像在恰当的季节，葡萄藤结出了另一串果实。"马可提醒我们因为善良去行善。

这是我们的自然本性，这是我们的工作。

告诉别人你做的好事，这是幼稚的行为。我小时候做了一些有益于家庭的事，就会让所有人都知道。但是我妈妈呢？我爸爸呢？没有人注意到他们日复一日在为家庭做贡献。我们这些小孩子认为一切都是理所当然，大部分时候都没有表示感谢。

随着年龄的增长，我们知道做正确的事并去帮助他人，这是我们必须要做的事。这是明智、负责、成熟的人肩上要扛起的责任，这就是我们的责任。

这只是领导者应该做的事，并不是为了得到别人的感谢、认可或是获得荣誉勋章。

"现在就去做自然要求你的事。如果在你的能力范围之内，就开始做吧。不要四处环顾看看别人是否知道这件事。"

马可是罗马皇帝，拥有的权力当然比我们大，他的行为带来的影响力比你我都大。然而，即使是当时地球上最有权势的人之一，他也提醒自己："哪怕是向前迈进一小步，也要心存满足，并视结果为小事。"

无论何时，尽可能向前迈进一小步。从中得到什么？ 这并不重要。

"你的职业是什么？做一个好人。"

这是最简单的职业描述，但并不是说做好人容易。如果我们把做好人定为自己的目标，我相信一定能做到。一次做一件好事。

第八章

情景训练：
别人挑战你时如何自处？

什么人不可战胜？不因理性选择之外的任何事情感到沮丧的人。

——爱比克泰德

我们在日常生活中遇到的最困难、最频繁的挑战来自他人。

每天至少有一个讨厌的家伙试图触动你的情绪按钮。可能是鲁莽的司机、无耻的秘书、没脑的溜冰者，或者让人不得安宁的小兄弟。

现在我们无法摆脱这些人，因为我们要生活，我们要和他人共事，我们有家人朋友。最重要的是，我们肩负着社会责任。斯多葛哲学要求我们帮助他人并关心全人类的福祉。

记住，我们应该把别人当作亲人，因为我们都是同一个世界的公民。我们必须为社会做出一些贡献。我们具有社会性，因为我们不能没有彼此。做好事首先利于自己。

正如马可所说，履行社会责任将赋予你获得幸福生活的最佳机会。

当别人非常焦虑时：

他们当着你的面撒谎

他们侮辱你

他们伤害你的情感

他们欺骗你

他们偷你的东西

他们恼怒你

我们在履行社会责任，在与他人交往的同时，怎么保持内心平静呢？以下为训练和策略。

▶ 训练 39

我们皆是同一躯体的四肢

我不会受到同类的伤害，也不会对同类生气或痛恨同类，因为我们生来就要共同奋斗，就像手、脚、眼皮或上下颚两排牙齿的关系。因此与他人作对是违背自然本性。因生气远离他人，必然也是与他人作对。

——马可·奥勒留

你我是亲人，是兄弟姐妹。我们生来就是为了合作。

马可说，"不断把宇宙想象成单一的生命体"，我们必须意识到自己是较大型生命体的一肢，并与其他肢体共同工作。"既然你是完善社会制度的一部分，就让自己的每一个行动都助力完善社会生活。"

让你的行动有益于人类福祉。你是躯体的一肢，我们必须齐心协力。塞涅卡同意这种说法，他说，大自然母亲生育我们，我们是亲人。大自然让我们彼此疼爱。

我们的起源相同。"我们之间的关系就像石拱门，如果不相互支撑，就会分崩离析。"我们必须互相支持，否则整个社会就会土崩瓦解。我们相互联系，彼此依赖。

我们想尽可能过上幸福生活，就有必要为他人而奋斗，这意味着你是躯体中的一肢。帮助他人并为共同福祉行事，只有这样你才能过上幸福生活。

马可说，如果我们不能认识到人与人之间的联系，不能引导自己为社会目标行事，我们的生活就会分崩离析，这将导致社会分离、不和谐，让我们无法过上幸福生活。

记住，我们人类是为他人而生。我们生来就是要共同奋斗，就像手和眼睑的关系。我们的行动应以和谐为目标并服务于人类。

让我们以耐心、善良、宽容、慷慨的品德去善待他人，就像对待兄弟姐妹一样，这是通往美好生活的唯一途径。

记住马可的话："对蜂巢无益之物，对蜜蜂亦无益。"

▶ **训练 40**

没有人故意犯错

有人同意虚假的东西，要知道他并非想认同虚假本身。正如柏拉图所说，"没有灵魂愿意被剥夺真理"，只是他把谎言当作真理。

——爱比克泰德

人们只做正确的事。如果他们做了错事，那是因为他们认为这件事正确。

所以，即使别人粗鲁、不公地对待我们，我们也不应该责怪他们，因为他们并非诚心如此。苏格拉底说："没有人心甘情愿做坏事。"

耶稣被钉在十字架上，受到鞭打和侮辱后也说过类似的话。尽管遭受磨难，但耶稣仰望天空说："父啊，请宽恕他们，他们不知道自己在做什么。"

斯多葛学派相信，人们按照自己的想法做事，这是最好的行事方式。人们撒谎是因为认为撒谎对自己有利；人们偷窃是因为认为偷窃是最好的做法；人们尖酸刻薄是因为莫名其妙地认为，这是从现状中获取利益最大化的方式。

这些人缺乏智慧，不辨是非，即使知道所作所为可能不对，但仍然错误行事，并认为对他们有利。

问题在于，他们并非刻意做错，只是因为不能更好地认知。

我们必须对这些人保持耐心。鲁弗斯提醒我们："有些人聪明，有些人愚钝。"他还说，有些人成长环境较好，有些人成长环境较差，后者习惯和教养不佳，需要经受更多检验，获得更多细致的教导，才能掌握这些道理。同样，身体状况不佳就必须要好好休息，保证健康。

别忘了我们有自己的独特性，不是每个人的成长经历都和我们相同。并不是所有人的基因、教育背景和早期接触都相同。这些经历对一个人影响深远，并且不受自己控制。

相比于健康的身体，糟糕的身体需要更多时间疗养。同样，一个人接受最好的教育，父母智力超群，而另一个人缺少智慧，后者需要付出更长的时间去追赶并学习知识。

对这些人生气毫无道理，这不是他们的错。与他们交往的更好方式是以身作则。不要对他们生气，而是报之以友好和理解；不要评判他们，试着帮助和支持他们。

无论何时遇到别人错误行事，就把它视作成长的机会，借此训练自我控制、宽恕、善良、耐心等美德。

马可说记住这一点很重要："正如柏拉图所说，每一个灵魂都不愿被剥夺真理。同样，每一个灵魂都不愿被剥夺正义、自我控制、对他人的善意等所有类似的美德。牢记这一点很重要，这会让你对所有人更加温和。"

▶ **训练 41**

发现自己的缺点

无论何时你对别人的错误之举感到生气，请立刻关注自己类似的缺点，例如，拜金、享乐或沽名钓誉——无论是何种缺点。思考该问题，你将很快忘记自己的愤怒，并考虑他们行事的原因——他们还有什么其他做法？或者如果你有能力，请消除他们的执念。

——马可·奥勒留

人孰无过。我们都会犯错，但是我们会遗忘错误。我们对别人的错误生气，但不久之前，我们刚犯了同样的错误。

正如你现在所知，人不会刻意犯错。回想一下自己并非有意做错或心怀恶意做错时。例如，某次你没有准确说出真实情况，某次你基于错误的信息行事，某次你因为相思病粗鲁无礼，某次你不听劝告导致理解错误，做出截然相反的事。

不要因为别人犯错就远离他们，我们都有犯错的时候。

爱比克泰德告诉我们："对别人的错误感到不悦时，向内审视自身缺点，如此就能忘记愤怒。"

通常，我们评判别人行为不当，实际上自己并没有比他们做得更好。我们只是喜欢想象中的自己。

审查自己的缺点。人的缺点很多。只是我们对自己的缺点宽容，让它随意出现。我们认为自己并不会犯错，我们只做优质的事，自己各方面都好。我们不会允许自己出现错误的行为，犯错只是例外。

我们躲过自我雷达的搜索，大脑为自己的错误找到漂亮合理的解释。但是一旦发现别人犯同样的错误，我们的警报就会立刻响起，指责他们并迅速做出严厉的判断。

不要被第一印象冲昏头脑，认为对方是坏人。记住，自己原先也做过类似事情，也这样"浑"过，但我们顶多只是温和地评价自己。

即使你越来越意识到自己的错误，并加以改正，基本上不再犯同样的错误，也要对别人的错误保持冷静和理解。记住两件事：首先，他人不会故意犯错；其次，截至目前，你犯了很多错误，并且还在继续犯错。

实际上，开场的谚语还有第二部分："人孰无过，心存宽恕，就是圣洁。"

▶ 训练42

原谅并爱失足者

无论何时遇到别人，首先对自己说："他对生活中基本的善恶有什么认知？"有人行事像是你的敌人，侮辱或反对你，记住：他只是做了自认为正确之事，他不知道更好的方式。告诉自己："对他而言，这似乎是最好的选择。"

——爱比克泰德

斯多葛主义呼吁宽恕。

斯多葛主义者提醒自己：失足者无知。他们并不是故意做错。基于所处的情境，他们的所作所为似乎正确。

马可说，这是我们的特权，"给失足者以爱"。他提醒自己四件事：（1）失足者是亲人；（2）他们并非自愿做错；（3）人终究快要死去；（4）我们选择受到伤害才会受伤。

因此，给失足的人以爱是我们力所能及的事（和责任）。塞涅卡同样说过："恕以待人，严于律己。"

塞涅卡深知，别人是做自认为正确的事，因此他自由地宽恕他们。同时他知道，如果自己做错事得不到他人的谅解，是因为他们觉得自身不会这样行事。

即使别人没有宽恕你，你也要原谅他们。你要以身作则。要知道你心中所想，眼中所见，别人无法了解。

在某种意义上，斯多葛学派认为失足者是误入歧途，缺少智慧的人，他们更像是孩子不是恶人。他们没有意识到自己的所作所为，甚至无法达到自身的最佳利益，他们"失明"了，就像患病。

他们不知道自己正在做什么。他们生病了，对于事情并没有选择权。我们有什么资格责怪他们？不要怨恨他们的所作所为，否则就像在怨恨他们患疾。

唯一恰当的回应是同情和宽恕。

马可说，失足者毫不知情。希望他们不要错误行事，就像希望无花果树结出的果实不是无花果，希望婴儿不要哭泣，希望马匹不要嘶叫。这些事都无法避免，它们只是自然发生。

不要祈求人们不会做错事，祈求自己获得宽容和原谅他人的力量。

想象一下，如果你知道别人的失误不可避免，是自然发生的或者源于疾病，你会宽容吗？他们被误导了，这并不是他们的错。

同样，唯一恰当的回应是同情和宽恕。同时，尽量帮助这些人，而不是责怪他们。

注意：时刻记住，也许这一次是你在犯错，也许你就是那个犯错的人。

▶ 训练 43

怜悯而非责备作恶者

我们同情盲人和腿有残疾之人，也应该同情那些在最高天赋上"失明"和"瘸跛"之人。记得这一点，就不会对任何人愤怒生气，也就不会辱骂、责备、憎恨或冒犯任何人。

——爱比克泰德

对于做错事的人，与其责怪，不如怜悯。

他们并非故意做错，他们的最高天赋：思想、直接思考和运用理性的能力，"失明"而且"瘸跛"。这些人真可怜！即使他们的所作所为伤害了你，你也要知道他们"失明"了，他们看不到自己在做什么。如果你能认识到他们的这种伤痛，就不会对他们生气，也不会辱骂、责怪、冒犯他们。

这就是斯多葛学派对我们的要求：即使被扇耳光，也要成为最好的自己。知道犯错者最重要的天赋残缺对我们帮助巨大。

你不要去评判那个因为受伤接不到球的队友。同样，那个受伤的队员也不应该评判那个责备他的人。因为指责你的人也受到了伤害，只不过不是在身体上，而是在思想上，即使我们在外部看不到他的伤处。

一个人在他最重要的能力上"失明"，就受到了足够的惩罚。

如果你很难认识到伤害你的人受到了这种损伤，只需要知道："做错者是在伤害自己。偏私之人使自己不公正——让自己邪恶。"

马可指出，人们最终会在犯错时伤害自己。也许偏私行事后，他们会感到内疚或羞愧，或许不会有任何感觉。这没关系。

但是你现在知道了，美德是最高的善。你做正确的事就会过上幸福生活。同样，做错误的事就无法获得幸福生活。

善有善报，恶有恶报。

无论何时有人欺负你，你都有以下几种选择。也许你认为发生的事很糟糕而且受到伤害。也许你认为作恶者为人邪恶并对他生气。

也许你认为情况中立并尽力做到最好。也许你意识到做错者的理性被蒙蔽了，你选择怜悯而不是责备。

善待他人是你的权利。你有能力忠于自己选择的道路，用同情、宽恕和仁慈回应"作恶"者。虽然他们的言行伤害了你，但你知道他们最重要的是天赋残缺，这最终会伤害他们自己。

▶ 训练 44

善良就是力量

有人的地方就有善。

——塞涅卡

你无论何时遇到另一个生命体，都有表达善良的机会。这个生命体不一定是人类，也可以是猫、狗等其他动物，甚至是植物。

如果你想成为最好的自己，善良的品质很有培养价值。没什么能阻止你为人善良。早晨对邻居微笑；向公交车司机问好；感谢超市的收银员，这些你都可以做到。

"善良不可战胜，"马可说，只要善良是真诚的，"如果你一直表现善良，即使是最恶毒之人也无能为力。"

下次你被恶意对待，不要反击它而是接受它。不要抗拒发生的事。接受现实，以宽容和善意去回应，这是你能做到的最好方式。瑞安·霍利迪说："大多数粗鲁、卑鄙、残忍的行为都是为了掩饰深层的软弱。在这种情况下，只有力量强大之人才可能拥有善良。"

表现善良并展示自己的力量。

马可说，你生性善良，以善良鼓励的方式行事是你的本性。记住，我们都是兄弟姐妹，即使别人犯错，我们也应该友善地回应，这就是兄弟情谊。

是什么正在阻止你？问问自己：今天面对哪些情况，你想表现得更为善良？在何时何地，你想要给予微笑，你想要容忍犯错的人，你想要分享善良真诚的感谢，你想要伸出援助之手？

记住塞涅卡的话："有人的地方就有善。"听他重复一遍："赫卡托说：'如果你想爱人并被爱，我可以教你不用任何药物、草药或特殊咒语制成爱情魔药。'"

▶ **训练 45**

如何面对侮辱？

治愈伤痛比因伤痛去寻求报复好得多。报复会浪费大量时间，而且相比第一次伤害，报复引发的伤害更多。愤怒比伤害更为持久。最好选择相反的行事方向。出于报复去踢骡或咬狗，有人认为这是正常行为吗？

——塞涅卡

简单刻薄的言论会毁掉一整天，但前提是我们听之任之。

人们很容易生气并用报复反击。或者我们不赞同别人的做法时可能会想："哼，他会因此付出代价！"

这是对不良行为最糟糕的回应。

斯多葛学派面对侮辱的反应是什么？威廉·欧文在著作《美好生活指南》其中一章里分享了一些面对侮辱的策略。让我们看看他书中提到的一些策略以及其他策略。

策略之一是停下来问问自己，他们说的是否真实。塞涅卡问道："不言而喻的事实为什么是侮辱？"

另外，让我们问问自己，是谁侮辱了我们？如果是我们尊重的人，我们就会重视并接受他的意见，认为这是我们可以改进的地方。如果我们不尊重说话者，为什么还要受其困扰呢？

塞涅卡建议将侮辱者看作一个发育过度的孩子。母亲因为孩子的言论而生气，这很愚蠢。同样，我们因为幼稚者的侮辱性言论受到伤害也很愚蠢。塞涅卡说，这些人性格缺陷如此显著，他们不值得我们生气，只值得我们同情。

让我们记住，理性、睿智的人不会侮辱他人，至少不是故意侮辱他人。如果有人侮辱我们，我们可以肯定的是，这个人有缺陷，他性格不成熟。欧文把受到别人的侮辱比作遭到狗吠。我们被那只狗弄得心烦意乱，然后整天在想："哎，天哪！那只狗不喜欢我！"这真是愚蠢。

马可将侮辱者视为我们不应该成为的反面教材人物，"最好的报复就是不要像伤害者"。最好的报复就是释然并成为更好的榜样。

面对侮辱，斯多葛主义者幽默回应，而不是回击式回应。

开个玩笑，一笑置之。

很难找到合适的幽默话语对吧？所以，更好的回应策略可能是根本不回应。与其对侮辱做出反应，鲁弗斯说，不如"冷静、安静地承受发生的一切"。

记住接受的艺术：我们想要接受发生的一切，因为它不受我们控制。一旦发生，我们就无法改变。现实就是现实。

所以，我们面对侮辱不要表现出任何抵抗。不要进入攻击、防御或撤退的反应模式，而是让它直接越过你，就好像你不在现场。不做出任何反抗。

没有人会受伤。如此你就变得刀枪不入了。侮辱直接越过你，那个人没有能力控制你的感受。

但是，如果你可以选择让那个人知道自己的行为不可取。在特定的情况下，这样做可能有必要。我们需要教育孩子如何在这个世界上表现得体。有学生扰乱课堂，侮辱老师或辱骂其他同学时，老师需要训斥这个无礼者确保讲课正常进行。

谴责不是面对侮辱做出的情绪反应，而是合理选择后采取的行动，旨在帮助无礼者改善行为，并保证环境不受到影响。

另一个策略是记住爱比克泰德说的话："侮辱不是源自辱骂或打你的人，而是源自你对此做出的判断。"

我们判断自己受到侮辱，才会遭受侮辱。如果我们不在乎别人说什么，就不会觉得侮辱。毕竟其他人的行为不受我们控制，所以这些行为最终是无关紧要的。我们不要太在意别人对我们说了什么，也不要太在意别人的评价。他们怎么会知道我们？听听马可对此的看法："我们轻而易举，爱自己胜过爱别人，但相信别人的看法胜过自我的评价……这让我一直很惊讶。我们太相信同龄人对自己的评价，太轻信自己的看法！"

记住：别人对你的看法，不要太当真。训练自己去容忍他们对你的看法。

你会以适当的方式更加有效地做出反应，你会更加强大，甚至可能"刀枪不入"。爱比克泰德说："什么人不可战胜？不因理性选择之外的任何事情感到沮丧的人。"

▶ **训练46**

训练时发生擦伤

拳击对手擦伤你或用头部撞击你，不用去揭露真相，不用去表示抗议，不要以猜疑的眼光看着他，不要认为他在密谋伤害你。但是你可以密切关注他，不是以敌对或猜疑的眼光，而是以健康的方式回避伤害。面对生活发生的一切，你都应该这样。我们应该对"陪练"给予多方面宽容。正如我所说，可以不带着怀疑或仇恨规避伤害。

——马可·奥勒留

把每一天，每一种情况都当作训练。即使事情烦人，你也能更快地接受——只是在训练。

发生擦伤时不要责备拳击对手，不要责怪这件事，我们都只是在训练。如此，风险突然变低了很多。我们解读失误时会更为大气，我们延长了一点时间。我们的适应能力更强。

想象一下相反的情况。把每一种情况都当成拳击比赛即将获胜时……你会一直提心吊胆，对每一个细节都做出反应。更明智的做法是放轻松，以简单的点头一闪应对拳击手的轻微出击，轻轻松松把它当作训练就行了。好像什么事情都没有发生，继续生活。

你不想因为擦伤而愤怒，你不想成为这样的人。他们把事情看得太严重了，在外界看来这似乎很可笑。他们认为几乎看不到的伤口会毁了容貌，认为受到辱骂就需要反击，或者因为剩下一口牛奶而失去理智。

注意，这些事情对你来说可能很重要，但是并不是生气的理由。发生擦伤时保持冷静，面带微笑，继续生活。如果合适，告诉别人你觉得应该如何吃冰激凌，如何与他人交谈，瓶子里剩下多少牛奶合适。

正如第一章所说，"生活的艺术更像是摔跤而非跳舞，因为巧妙的生活需要做好准备，迎接并抵御突如其来的攻击"。

马可提醒我们要做好准备遭受突如其来的"掌掴"。生活抛给我们的拳打脚踢，都是我们训练的机会。每一记耳光都包含机会，让你能保持冷静，增强自身去成为想成为的人，但它也可能让你失去理智，变成自己不想成为的人。

你是战士。没有任何事、任何人能轻易地让你失去平衡。做好准备应对拳打脚踢，这就是生活。要知道遭受的这些拳脚会让你更强大。你摩拳擦掌，期待着迎接它们。它们总是重拳出击，猝不及防地出现。

你想变得坚强，你想面对逆境时能掌控自己，你想面对暴风雨能屹立不倒，你想在别人恐慌时保持冷静。

不要太在意每一次擦伤，这只是训练而已。微笑着继续生活。

▶ 训练 47

不抛弃别人或自己

沿着理性之路前行时会有人阻碍你，但他们永远无法阻碍你行正确之事，因此不要破坏你对他们的好感。我们需要注意两点：其一，具备正确的判断力并采取正确的行动；其二，对那些阻碍我们前进或制造其他困难的人保持温和。因为愤怒也是弱点，就像放弃任务或因为恐慌而投降。退缩或疏远家人朋友都相当于遗弃的行为。

——马可·奥勒留

你是一个读者。你学会了新思想，学会用不同的方式思考事情，用不同的方式做事。你把最能引起你共鸣的内容付诸实践，最终你摒弃了以前的行为，学到了新知识。

问题在于，你会随着时间的推移做出改变。你不会因为旧习惯方便就坚持旧习惯，你想要获得成长，想要尝试新方式，并保持有效的方式。

几年前，我学到很多有关牛奶制品和乳制品的知识，并决定为了身体健康不吃这些东西。这个改变对我产生了重大的影响。在某些情况下，它也可能影响其他人。比如，我可以选择告诉父亲："对不起，我不吃这个煎蛋卷，因为你放了一些牛奶。""我绝对不吃配料里有牛奶的甜点。"

但我并没选择坚决抵制乳制品，原因很简单，既为了我自己，也为了他人。我不想每次不吃含有少量牛奶的食物都要解释原因。另外，有些人可能会特地为我制作一些食品，但我不想这样。我从小到大喝了多少牛奶都没什么问题，为什么要为了一小口牛奶而折腾？

我不吃乳制品主要是因为自己，所以我在平稳地做出改变。我选择不去百分之百抵制乳制品，是不想影响他人。

但是我们做出其他变化时，可能会遇到强劲的逆风。马可说："你沿着理性之路前进时，会有人阻碍你。"你养成新习惯并努力取得进步时，其他人可能跟不上你的脚步，甚至不愿意跟随你。

瑞安·霍利迪用饮食做比喻："你圈子里的人饮食都不健康，他们自然就形成共识。但是你阅读了一些图书后选择要健康饮食。突然间你们的日程安排就相左了，现在你们争论要去哪里吃饭。"

瑞安说："不要因为别人很难为你做出改变，你就放弃新道路。同样，你也一定不能放弃他们。不要简单地认为这些人无关紧要，或者对他们置之不理。不要生气，也不要和他们争吵，毕竟他们和不久前的你一样。"

仅仅因为你看了《小麦肚》（*Wheat Belly*）就选择从此以后不再吃麸质食物。你不能因为朋友还在吃麸质食物就放弃他们。我的意思是，可能几天前是你组织了比萨之夜。

所以，我们不能仅仅因为自己选择的改变就放弃别人，同时也不要放弃自己的新道路。这是我们迟早要面临的挑战，不一定是选择不再吃麸质食物的问题，或许是其他想法和价值观的改变。

少吃（或不吃）肉，少花时间在电子游戏上，少看新闻，多花时间在户外活动上，多读书，少买物质的东西，多锻炼，不要一到周末就暴饮暴食，少抱怨。

现在，坚持走你的新道路，并且不要放弃别人。这是一个艰难的挑战，你的生活可能会产生巨大的变化。但是，你如果想试着花些时间做出改变，我相信你会找到办法。你可以选择带上自己的食物过比萨之夜，如果有必要，做好准备什么都不吃，并告诉别人你的理由。

对别人保持善良和耐心，毕竟不久之前，你和他们状况一样。

想方设法坚持新道路，不要改变你的价值观。

▶ **训练 48**

以极小的代价换取平静

从廉价的东西说起，如溢出的一点油，偷走的一点葡萄酒，再次对自己说："我以极小的代价换取内心的平静。"

——爱比克泰德

这是我最喜欢的斯多葛主义思想之一。

"以极小的代价换取平静。"这句话使我无数次免于生气恼怒。我们有多少次因为琐事生气？有多少次因为微不足道的小事失去理智？

我们因为小事愤怒，随之而来的行为激发了他人的愤怒等等。斯多葛学派希望人们即使处于暴风雨中也能保持冷静。但室友忘记洗碗，没有清理卫生间马桶污垢，或者不做家务时，我们就会抓狂。

显然不需要生气。任何事情引发你愤怒时，都可对自己说："我换取的是平静。"然后面带微笑，做需要做的事，继续生活。

什么事情都没有发生。你会很快意识到，那些经常使你烦心的小事，根本不值得烦恼。默默忍受内心的一切波澜，然后继续前行，如此就不会感到心烦，并节省了大量精力。

我们面临的主要挑战是：首先需要意识到产生的情感。我们需要介入刺激和本能反应之间。一旦我们处于这个区域，就真正需要用自律换取平静，并且不做出任何反应。

你越频繁去换取平静，就越容易获得平静。你甚至可以在更艰难的情况下换取平静。

清理马桶污垢很容易，只需要几分钟时间。洒在白裙上的红酒也很容易清理，这只是一件裙子罢了。你最喜欢的球队在决定性时刻被其他球队扳平比分，由此产生的情绪仍然可以控制，这只是一场比赛而已。男朋友欺骗你这事儿更具挑战，这会让你悲伤愤怒。

越训练去换取平静，就越能获得平静。之后即便你身处地狱之火中，也能换取平静。

最终，这一切都可以归结于斯多葛学派的原则，即让我们烦恼的不是事件，而是我们对事件的判断。如果我们意识到自己存在的力量，面对困境时具有足够的意识和自律，就会成为具备情绪弹性的坚韧之人。

如果这就是你想要走的道路，问问自己："在哪些情况下，我可以更频繁地换取平静？"

▶ **训练 49**

换位思考

面对他人的侮辱、憎恨，不管怎样……看看他的灵魂。进入他的内心，看看他是怎样的人。你会发现，并不需要费力让他谨记教训。

——马可·奥勒留

我们经常很快做出判断。

火车上的父亲从不告诫吵闹的孩子，要保持安静。我们评价他，身为父亲，责任意识淡薄。

有司机一路闯红灯，我们很快认为他是浑蛋。

母亲在操场上斥责我们，我们认为她真是疯了。

在大多数情况下，我们对别人没有过多了解，但是却评判他们，抱怨他们。

斯多葛学派建议我们换位思考，在做出判断之前先听听他们的观点。

马可说，我们应该进入他们的内心，看看他们是怎样的人，他们在做什么，什么唤起他们的爱，让他们发出赞美。"想象一下，把他们的灵魂赤裸裸地展示出来。"在我们做出评判之前，确实应该努力从他们的视角看待问题。

斯多葛学派认为，予人以爱比被人深爱更为重要。斯多葛主义者训练自己应对难缠的人，特别是训练自己避免意气用事，避免愤怒行事。

因此，我们应该试着站在别人的角度，理解他们行为背后的原因。也许我们会知道他们出于什么原因。也许我们会理解他们，也许我们会得知他们出错的原因。

还记得那位父亲吗？他的孩子在火车上大吵大闹。我们评价他，身为父亲，责任意识淡薄。我给你们讲一下这位父亲和孩子的小故事。这个故事来自史蒂芬·柯维（Stephen Covey）的著作《高效能人士的7个习惯》（*The 7 Habits of Highly Effective People*）中的事例。

这位父亲坐在火车上，双手捂着脸，看上去很悲惨。他的两个孩子跑来跑去，大声叫喊着。你和其他乘客一样被惹恼了，你越来越生气，认为父亲应该更好地照看孩子。你起身走近那位父亲："对不起，先生，您的孩子太吵了，能让他们安静一点吗？"

他回答："哦，对不起，我不知道该怎么办了。我们刚从医院回来，他们的妈妈去世了！"

你的看法立刻转变了，对吧？

我们评判别人时并不清楚情况。我们不知道他们的背景，不知道他们出于什么原因那样做，我们基本上对他们一无所知。

让我们铭记斯多葛学派的建议，在评判他人之前先思考一下。换位思考，想想他们这样做，可能出于什么原因。如果你和他们处境一样，也许你也会这样做。谁知道呢？

▶ 训练 50

善于选择同伴

避免与非哲人往来。如果一定要与其往来，务必小心，避免堕落其低级水准；如果同伴肮脏污浊，无论他起初多整洁，也不可避免沾染污秽。

——爱比克泰德

我们无法选择与什么人打交道。因此斯多葛学派提出了很多策略应对难缠的人。

但在一定程度上，我们可以选择自己的同伴。我们可以选择，大多数闲暇时间和谁一起度过。我们可以选择参加哪些活动，和谁一起去参加。

正如爱比克泰德所说，同伴肮脏，我们也可能变得污浊。因此塞涅卡警告我们，恶习会传染——它们像野火一样蔓延，却没有引起注意。

这是来自同伴的压力：我们做了通常不会做的事，我们的行为突然违背了价值观，我们去适应周围的人。也许你之前听过吉姆·罗恩的名言："你交往最多的 5 个同伴，他们的平均水平就是你的水准。"

因此我们要谨慎交友。他们有能力拉低你的水平，也有能力让你提升至他们的水准。近朱者赤，近墨者黑。

"避免与下层人士共进晚餐。那些头脑清醒时也不懂谦虚之人，喝酒后会更加鲁莽。"塞涅卡说得很有道理。他的解决方案是什么？

"与那些可能提升你的人交往。"

当下你可能有心爱的人，但是即便他们清醒，他们持有的态度也会拖你的后腿。他们懒惰，而且不太在乎道德标准。他们对提升自己不感兴趣，更不用说学习斯多葛主义了。他们认为，这是你与他们分享的最无聊烦人的观点。

该拿这些人怎么办？爱比克泰德说："关键在于，只和那些提升你的人往来，他们会让你展现出最好的自己。"

所以，他们愿意提升自己，你就和他们往来，不然就减少与他们交往的时间。如果你的朋友不能让你变得更好，不鼓励你前进，甚至不支持你心胸宽广，有抱负地追求道德进步，那你是时候抛弃他们了。

你不需要与他们绝交，不需要拒绝与他们见面，但是可以有意减少与他们相处的时间。

你可以与他人交谈，有些人会认真倾听你最新获得的知识和想法，认真聆听你最新参加的活动。拥有这种同伴，再好不过了。

塞涅卡还建议，不要与那些喜欢抱怨的人交往，他们"总是心烦意乱、哀叹一切，他们是获得平静的阻力"。

少与那些会抱怨、会拖累我们的人交往，多与那些可能提升我们的人交往。这句话完全有道理。与楷模交往，你更有可能成为楷模。

去哪里寻找能提升你的人？你要开动脑筋。可以试一下瑜伽课程，参加 TED 演讲等讲座，参加读书俱乐部、语言课程等活动。我相信你可以向很多人学习。

记住，尽管如此，你也可能让人讨厌。我们都有缺点。因此，我们思考与更优秀的人相处时，不要忘记自己也有缺点。我们会犯错，我们不一定凡事公正，我们也会抱怨。记住这一点。

总而言之，要善于选择同伴，这事关乎你大部分时间与谁相处，同时也是不浪费自己宝贵的时间。诱惑之物与虚耗时间之物都潜伏在角落里，所以我们需要注意自己正在做什么，和谁在一起做。

一般来说，如果你想成为最好的自己，就和最好的人往来。如果你想避免生气烦恼，就不要和那些可能让你生气烦恼的人往来。

▶ 训练 51

不评判自己以外的任何人

有人洗澡时间短，不是他洗得不干净，而是动作快。有人喝很多酒，不是他嗜酒，而是他酒量大。除非你知道原因，否则怎么判断这些行为恶劣？这会让你无法看清事情，反而认同与其不同的表象。

——爱比克泰德

我们的大脑很容易做出判断。

我们基于少量信息给别人贴标签。我们存在偏见。哦，他是老师；她是女人；看看他穿的鞋。

我们在别人身上发现了很多错误。

注意，大多数时候，我们不想如此迅速地判断他人，但这些判断都是本能产生的，它们奇迹般地出现在我们的脑海里。

但是，我们必须为自己的判断负责，因为我们可以选择是否跟随判断。即使大脑告诉你，这个男人没有照看孩子，他是一位不称职的父亲，你也可以选择接受或不接受这个观点。

你有能力停下来，客观地看待问题。你对这个人了解多少？情况到底是怎样的？

拒绝接受一切非客观的评价。坚持事实，中立地描述情况，不施加任何情绪。

记住，只有淡然地看待外部事物，你才能获得自由。立刻为事件增加价值的行为几乎是无关紧要的。

我们必须对事实与我们附加的价值判断加以区分。事实是什么？我增加了什么？

做到这一点，关键在于推迟我们的反应。"等我一下，印象……让我检验一下你。"

现在，你不用真的去测试印象——通常情况下，印象不是那么重要。提醒自己，你的生活目标是什么。如果你铭记这些哲学建议，你的目标就是提高自己，变得更优秀，表达最高自我。

"让哲学改正自己的缺点，而非抱怨别人的缺点。"

塞涅卡在此提醒我们什么是哲学：我们需要改正自己的缺点。向内关注，让自己变得更优秀，也让他人完成自己的任务。每个人都必须走自己的路。

你的错误受你控制，但别人的错误不受你控制。你改正自己的错误，让他们改正他们的错误。

我们不能忘记学习哲学的首要目的：提高自己。哲学不是纠正别人的工具，那样只会带来痛苦与折磨。

让别人去承担他们的错误。斯多葛主义没有赋予我们评判他人的权利，只赋予了我们接受和爱他人的权利。让我们向内关注，我们自身需要改正的地方已经够多了。

现在暂停片刻，想象一下，如果我们都能避免草率地做出判断，并专注于改正自身的错误，你会看到什么样的世界？

▶ 训练 52

去恶并行善

通常，你所做之事会带来偏颇，未做之事也会带来偏颇。

— 马可·奥勒留

你不欺负同事，这当然很好。但是，如果施暴者刻薄地谈论他人，而你只是冷眼旁观，甚至哈哈大笑，那你并不比施暴者善良。

停止不成熟的举动，介入不公之事，去帮助受害者。去做正确的事，只需要一点勇气即可。

有一句名言是："善者不作为，邪恶就会获胜。"

不要做旁观者，介入其中，你不会有任何损失。如果你以身作则，会有更多人效仿。人们只需要一个领头人罢了。你可以成为那个领头人。

我打赌你目睹过这样的场景：有人举止粗鲁，让周围人都心生厌恶。

这个场景太经典了。每个人都讨厌地看着这个粗鲁之人，内心开始愤怒，但是没有人去阻止他。直到一位英雄映入眼帘，走到粗鲁之人面前告诫他，问题就这样解决了。

每个人都能做到，但是没有人认为自己应该去做，或者没有人有勇气去面对这个粗鲁之人。

英雄并不是时刻存在。

注意，我知道走上前去直面那些讨厌的家伙，这并不容易，尤其是可能还存在危险时——没有人要求你和手持凶器的人对抗。

让我们从小事做起，比如，火车上坐在你旁边的人大声说话。我遇见一个家伙在桑拿房里不关门。我整整花了两分钟时间，费了一些脑筋，告诉那个家伙请关上桑拿房的门。我没有立刻要求他关上身后的门，而是自我挣扎了两分钟，对他感到有些气愤。我意识到自己的迟疑有多么荒谬。下次遇见我认为的常见礼仪问题，我会更快做出要求，比如请某人和别人一样排好队；请某人把音量调小一点；请某人关上门。

确实，这些行为听起来可能有点儿像控制狂。但是面对难办的情况，与其内心愤怒，无所作为，还不如直面问题，这不是更明智？

滑稽的是，我们选择对陌生人生闷气，而不是礼貌性地要求他们停止或改变这种行为。瑞安·霍利迪说得好："我们不仅希望别人变好，还希望发生奇迹——我们在头脑中想想，别人就能做出改变；我们愤怒地盯上一眼，他们的头骨就会烧出一个洞。"

马可提醒自己，也提醒我们，在这种情况下要理性："一个人有腋臭或者口臭，你会生气吗？如果生气，有什么意义吗？他们的嘴、腋窝就是会散发气味。他们肯定能意识到，难道他们不知道自己冒犯到别人？很好，你也有意识，恭喜你！所以，用你的自然理性去唤醒他们的理性。表现自己的理性，呼唤他们的理性。如果那个人愿意倾听，你就能纠正他们，不用发无谓的火。这并不要求你情绪激昂或表现得不得体。"

对于我来说，也是如此。面对情况缄口不言并痛苦忍受着，比勇敢直面或高兴地面对，要容易多了。

但是，我们是有胸怀有抱负的斯多葛主义者，我们更应该鼓足勇气，为所有的当事人提供帮助。如果你有口臭，如果你身上有气味，自己难道不想知道吗？让自己讨厌的人可能没有意识到这一点，那为什么不指出来，让他们有机会改正，同时给予自己心灵平静的机会？

我们必须成为世界上的行善力量，即使面对小状况，也尽己所能去行善。

▶ 训练 53

只说该说的话

让沉默成为你大部分时间追求的目标；只说必要简短的话。在极少数场合，有人要求你发言，这时才开口，但绝对不要说陈词滥调，诸如角斗士、马匹、运动、食物、饮料等庸俗的东西。尤其不要说别人的闲话，无论是赞扬、指责或拿人做比较。

——爱比克泰德

下次和别人交流时观察下对话，你会发现每个人都在谈论自己。无论谈论什么话题，每个人都会在交流时加入自己生活的内容。

这是我们会做的事：我们喜欢谈论自己。我们并没有真正倾听别人在说什么，而是准备自己交流时想说的内容。

我们谈论别人必定是谈论别人的弱项。我们在背后议论别人。我们用自己的长处与别人做比较。我们思考一下，沉溺于议论他人，评判那些不在场无法为自己辩护的人，这似乎不太公平。

斯多葛学派很清楚这一点：不要评论，不要责怪，不要抱怨，不要说太多，尤其是说那些没有意义的事。

"与人交谈时，不要过多谈论自己的事迹或冒险经历。"爱比克泰德严厉指出不要讲太多话，"你饶有兴趣地讲述自己的事迹，但并不意味着别人也能从你的话语中得到同等快乐。"

没有人想听你的事迹，没有人想听你讲述言过其实的高中生活、体育活动、派对故事。这很烦人，也很自私。你处于谈话的中心可能感觉良好，但是别人会怎样？当然，他们面带微笑，不怎么说话，但是他们内心真正的感受是怎样的？

马可建议，只说恰当的话，并且带着善良、谦逊、真诚去发言。

只说你确定该说的话。实践你说的一切。用行动证明自我，而不是用语言证明自我。

这个观点很容易付诸实践。与人交谈时大多数时间要有倾听的意愿；观察对方谈论的内容。克服自己内心想要发言（可能与自己有关）的冲动，只说该说的。

与别人进行沟通；不要光顾着自己说话；让别人主导谈话，自己享受倾听。

▶ 训练 54

带着理解的意图倾听

养成认真倾听别人说话的习惯，尽可能深入说话者的内心。

——马可·奥勒留

斯多葛学派建议，谈话时倾听他人发言而不是自己说话。

如果你在听别人讲话，就应该注意说话者的内容，这样才能理解别人要表达的意思，才能知道对方的价值观。

与他人谈话的目的是理解对方想告诉你什么。倾听的目的在于理解。这就叫作同理倾听（Empathic listening），它会极大地改善你的人际关系。

克制说话的冲动。接受自己想立即回应的内在冲动。这是想增加谈话内容，但通常情况下，此举并没有必要，甚至有伤谈话氛围。马可说得好："一个人在交流时，应该密切关注谈话内容，并关注每一次意欲冲动发言的内容。首先，应该仔细关注别人想说什么，其次，基于第一点，知晓谈话的目的。"

你关注的主要问题是：对方想要表达什么？

倾听说话者的内容，并考虑到他们的情绪。这是在培养你与说话者的沟通能力，并培养理解谈话内容的能力。

还记得斯多葛主义的创始人，就是基底恩的芝诺，那个沉船的人吗？希腊传记作家第欧根尼·拉尔修（Diogenes Laertius）写道，有一些年轻人喜欢胡说八道，芝诺对他们说："我们有两只耳朵，但只有一张嘴，就是为了让我们多听少说。"

谈话时抑制说话的炮火。做一个大部分时间都在聆听的人，并且只说改善谈话的言论。即使没说那番话，别人也会受益。此举不仅改进你的同理倾听技巧，更广泛地说，还会改善谈话水平并提高你的观察技巧，更重要的是提高你的人际关系质量。

正如芝诺的那句名言："被脚绊倒总比被舌头绊倒好。"

▶ **训练 55**

以身作则

不要再浪费时间争论何为好人，去成为好人吧。

——马可·奥勒留

用你的行动去引导。以身作则。积极的榜样力量轻松胜过授课教诲。

不要说教，默默去做示范。先从镜子里的自己开始。"按照你的原则行事，"爱比克泰德说，"例如，不要在宴会上说一个人的餐桌礼仪应该怎样，表现出该有的礼仪即可。"

爱比克泰德说，谈论学到的东西很危险，因为你可能将未消化的东西吐出来。"羊也不会吐出草让牧人看看自己吃了多少。它们消化完草就会长出羊毛并生产奶。"

同样，我们不应该谈论自己还未完全消化的理论，而要展示消化理论后产生的行为。展示而不是谈论你所学的知识。

因此有人粗鲁地对待你，你可以表现出所学知识，并以善意和宽恕回应他们。如果你粗鲁地做出回应，只能说明你还未学到任何知识。你和别人一样。

如果你努力保持冷静，并经过深思熟虑后选择宽容、富有怜悯地做出回应。那你就是在树立榜样作用，其他人会效仿，甚至坏人也可能会效仿。

斯多葛学派认为，我们必须制定标准，然后遵照标准生活。审视并维护标准是哲学的工作，"但真正的好人，其职责在于知道标准并遵循标准"。

爱比克泰德说得再清楚不过了，我们必须遵循自己熟知的标准生活。

你欣赏并同意这本书中提出的观点吗？去成为真正的好人，遵循自己熟知的标准生活吧，问问自己："在这个世界上，我想成为怎样的人？"

如果你想要成为友善的人，那就友善地生活。如果你想要成为耐心的人，那就耐心地生活。如果你想要成为诚实的人，那就诚实地生活。

遵循自己的信仰和标准生活，就会处于认知协调的和谐状态。知行合一的感觉很棒。

把你认为正确的事付诸实践。

以身作则，其他人也会效仿。人们遵循行动而不是说教，所以积极地展示你认为最应该做的事情。想要世界做出怎样的改变，自己就去改变。

"不要再浪费时间争论何为好人，去成为好人吧。"

致谢

ACKNOWLEDGMENTS

　　首先，感谢读者。我是一位首次出书的无名小卒，感谢你们给我机会证明自己。谢谢你们抽空阅读，感激不尽。

　　其次，感谢我的兄弟、生意伙伴兼好友尼尔斯（Nils）。感谢你的鼎力相助，如果没有你，就没有这本书的出版。

　　再者，感谢希腊艺术家安娜塔西亚（Anastasia）。感谢你精美的绘图为本书恰如其分地增添韵味。

　　最后，感谢瑞安·霍利迪。您不认识我，但是您介绍了如此精辟的斯多葛哲学，我是您众多读者中的一员。感谢您的启发与辛勤工作。

　　在这段艰难的著书旅程中，感谢所有支持我的人。这番努力颇有价值。

北京市版权局著作合同登记号：图字 01-2022-1085

图书在版编目（CIP）数据

斯多葛生活哲学 / (瑞士) 乔纳斯·萨尔茨格伯著；王丽斌译 . -- 北京：台海出版社，2022.8

书名原文：THE LITTLE BOOK OF STOICISM

ISBN 978-7-5168-3298-1

Ⅰ . ①斯… Ⅱ . ①乔… ②王… Ⅲ . ①斯多葛派－哲学理论 Ⅳ . ① B502.43

中国版本图书馆 CIP 数据核字 (2022) 第 087947 号

斯多葛生活哲学

著　者：[瑞士] 乔纳斯·萨尔茨格伯　　译　者：王丽斌

出 版 人：蔡　旭　　　　　　　　　　　责任编辑：俞滟荣

出版发行：台海出版社
地　　址：北京市东城区景山东街 20 号　　邮政编码：100009
电　　话：010-64041652（发行，邮购）
传　　真：010-84045799（总编室）
网　　址：www.taimeng.org.cn/thcbs/default.htm
E - mail：thcbs@126.com

经　　销：全国各地新华书店
印　　刷：天津鑫旭阳印刷有限公司
本书如有破损、缺页、装订错误，请与本社联系调换

开　　本：880 毫米 ×1230 毫米　　　　1/32
字　　数：170 千字　　　　　　　　　印　张：8
版　　次：2022 年 8 月第 1 版　　　　印　次：2022 年 8 月第 1 次印刷
书　　号：ISBN 978-7-5168-3298-1

定　　价：42.00 元